ちくま文庫

万華鏡の女
女優ひし美ゆり子

ひし美ゆり子
樋口尚文

筑摩書房

万華鏡の女　女優ひし美ゆり子——目次

序章　流されて　女優ひし美ゆり子の軌跡

万華鏡の女　女優ひし美ゆり子

序章——

流されて

女優ひし美ゆり子の軌跡

何が彼女をそうさせたか

あなたは、ひし美ゆり子を知っているか。彼女の名前を聞いて即座に反応する人たちは、おおむね往年の人気特撮ヒーロー番組『ウルトラセブン』のアンヌ隊員としての彼女に憧れた世代であろう。

一九四七年、東京に生まれたひし美ゆり子は、『ウルトラセブン』時代には本名から名字だけをとって「菱見百合子」という表記の芸名で活動していた。だが、この清純でおきゃんなイメージの「菱見百合子」と七〇年代の裸を売り物にして数々の異色作に出まくる「ひし美ゆり子」、さらに世紀をまたいで鬼才監督たちの現場にオマージュとともに召喚される現在の「ひし美ゆり子」……この軌跡の全体を振り返ると、アンヌ隊員というイメージにはおさまりきらないひじょうに特異な女優のありようが像を結ぶのである。

こうしたひし美の女優人生を、乱暴にひとことで要約するならば、「流されて…」ではないかと思う。もちろんこれは、ひし美ゆり子が官能女優として活躍していた一九七四年にイタリアの女流映画監督リナ・ウェルトミューラーが撮った、あの今やほとんど忘れられたセンセーショナルなメロドラマのタイトルにあやかっている。映画『流されて…』では、事故で地中海の無人島に召使の男と二人きりになったブルジョワの夫人が、野性的な男に性的に征服される喜びに目覚め、男も日頃の恨みを超えて彼女に惑溺《わくでき》するが、救助されて元の豪奢な生活に戻るや、彼女は男の純情も無視して去ってゆく。

私はこのマリアンジェラ・メラートが演じた蠱惑《こわく》的な実業家夫人・ラファエラの、ひじょうにくせ者な熱中とそっけなさを揺れる挙措が、ひし美ゆり子の女優人生とやけに重なって見えるのだ。すなわち、六〇年代から現在に至るまで分類不能の妖しい鉱石のような存在であり続けるひし美ゆり子の立ち位置は、彼女自身の積極的な野心や企みによって手に入れられたものではない。彼女はただメディアの変遷にうながされるままに「流されて」きたまでのことであり、時代の波に乗るというよりも波にさらわれるように、目の前にやってきた映画やテレビやグラビアの仕事をこなしてきただけに過ぎない。そしてまた、なんとなくその波にもまれながら鮮やかな仕事を残して作り手や観客をときめかせながら、薄情なまでのそっけなさで別の波に呑まれ、姿を消してしまう。

これが実人生における恋の手管であったとしたら、ひし美ゆり子は稀代の悪女であるに違いないが、ずっと彼女の漂泊を追ってきた一観客の私などはまさに彼女の女優としての熱中とそっけなさに観客として翻弄されていたような気がする。そして実のところ、そういったひし美ゆり子の漂泊の軌跡は、彼女の企みによって描かれたものではない。彼女はほとんど気ままに、本能的に、寄せては返す波に「流されて」いただけのことである。

映画とテレビの格差が生んだアンヌ

そもそも、彼女の最初の当たり役となった『ウルトラセブン』のウルトラ警備隊のアンヌ隊員からして、当時の「菱見百合子」はただなりゆきに流されるまま引き受けたまでである。本名を「菱見地谷子《ちやこ》」といった彼女は東京都中野区に育ち、中学時代は陸上競技が得意な、健康的だがごく内気な少女であった。そんな彼女が、東宝の俳優養成所に入ったのは、これも将来スターになりたいというような野心からではない。友人と戯れに応募した東宝主催のメキシコ親善のミスコンテストで準優勝してしまったことがきっかけで、彼女はカメラテストを経て東宝にスカウトされたのだ。

当時の東宝は、ホワイトカラー向けの都会的でモダンな「東宝カラー」を基調として、森繁久彌の社長シリーズ・駅前シリーズ、加山雄三の若大将シリーズ、クレージーキャッツのクレージー映画、「ゴジラ」シリーズをはじめとする特撮物、そして黒澤明作品など他社より洒脱でバタ臭いラインナップが屋台骨を支えた。

だが、彼女がこの本名のままデビューした六〇年代半ば過ぎは、もはや映画が娯楽の王者としてもてはやされる時代ではなくなりつつあった。一九五八年に観客動員数のピークを迎えた日本映画界は、テレビの普及やレジャーの多様化で劇的な凋落《ちょうらく》期にあり、ニューフェースの新人俳優たちとて邦画黄金期のように華々しくデビューできることは見込めなくなっていたのである。そのため、菱見地谷子の初の大舞台は映画ではなくテレビであり、彼女は一九六七年に「菱見百合子」という芸名でＴＢＳテレビの特撮ドラマ『ウルトラセブン』にレギュラー出演することになる。

だが、後々に人気が沸騰するこのウルトラ警備隊の友里アンヌ隊員という役も、彼女が意志的につかみとったのではなく、ほんのちょっとした偶然から転がりこんできたに過ぎない。アンヌ隊員役にはすでに東宝のテレビ映画『青春とはなんだ』『これが青春だ』で人気を博していた豊浦美子が決定しており、アンヌ隊員の衣装の隊員服も彼女のサイズで縫製されていた。ところが、豊浦がクレージーキャッツの主演映画『クレージーの怪盗ジバコ』のヒロインとして急遽「本篇」（当時はテレビ映画に対して劇場用映画を優先的なニュアンスを込めてこう呼んだ）の現場に召喚されることになり、アンヌ隊員役にはスケジュールの空いていた菱見百合子がピンチヒッターとして回された。

　言われるがまま菱見があわただしく円谷《つぶらや》プロへ出向くと、豊浦美子のサイズで作られていた隊員服がややきつめで期せずしてトランジスタグラマーな感じになったというのはつとに知られる話である。こうして運命の悪戯でアンヌ隊員役をまかせられた菱見百合子だが、ウルトラ警備隊のメディカル・センターで働き戦闘の現場にも出る友里アンヌは、明るく誰にもフランクな性格で、「ウルトラ」シリーズ歴代の女性隊員の中でもずばぬけて好評を博した。

　こうして、放送時から四十年以上を経てなお熱い思い入れとともに語られるアンヌ隊員という当たり役との出会いからして、菱見が「流されて」いたがゆえのことなのである。ただ、この偶然についても、実は当時の映画とテレビの関係性が大きく反映している。つまり、斜陽の一途をたどりつつも、あいかわらず映画＝「本篇」はテレビ映画の断固上位にあるものであって、たとえテレビ映画で配役が決定して撮影寸前まで進行していても、映画の現場からひと声かかれば問答無用でそちらが優先されるという、テレビ局主導でなければ映画など作れない現在とは、まるで正反対の空気があったということである。菱見百合子の立ち位置は、こうして時代の流れのなすがままにただ身をまかせたところに築かれていった。

最後の撮影所女優と「裸」

さて、アンヌ隊員として人気は出たものの、当時のテレビ番組はその場限りの消費物であったから、現在のように二次利用、三次利用にかこつけて、それだけで息の長い活躍ができたわけではない（実際、アンヌ人気が本格的に再燃するのは、それから三十年近くを経てビデオやＤＶＤといったソフトによって作品が家庭で繰り返し視聴できるようになってからである）。その後の菱見百合子は、東宝のドル箱である加山雄三の「若大将」シリーズや「ゴジラ」シリーズで印象的な脇役を溌剌《はつらつ》と演じていたが、七二年三月を最後に東宝との契約が切れる。大映の倒産、日活のロマンポルノ路線への転換などを典型に、業績不振にあえぐ邦画界では、撮影所という映画工場が抱えてきた専属の監督や俳優たちの大胆なリストラもやむなしであった。

またしてもこの趨勢《すうせい》に「流されて」しまった菱見百合子だが、ここからがまた彼女らしい風変わりな転回を果たす。東宝を切られて職を失った彼女は、かつて出演したテレビドラマの脚本家との縁で、映画『鏡の中の野心』への出演を勧められる。本作の公開こそ松竹系だが、ピンク映画専門の東活プロの製作で、実質的にはかなりピンク映画に近い内容であった。菱見百合子はこの作品に出るにあたっては、役名の筒見杏子にちなんで堤杏子という芸名を臨時で名乗って、こっそりとやり過ごそうと考えたようであるが、本篇のクレジットには「ひし見ゆり子」と記されていた（しかも予告には「ひし美ゆり子」とクレジットされるというおまけまでついて）。

数年前まで吉永小百合と石原裕次郎で売っていた日活が、この前年の七一年に撮影所のインフラを活かした贅沢なピンク映画というべきロマンポルノ路線に転じて好評を呼んだことは、日本映画の性表現の歴史のうえでは画期的な事件であり、まさにこれ以降、邦画各社の性表現への傾斜はずいぶん加速した。長らく都市部のホワイトカラー向けの洗練と洒脱の気風で売ってきた東宝の元専属女優が、こっそりと偽名（?）を使ってアルバイト感覚で、松竹配給とはいうものの謎のピンク映画会社の成人映画に出ようとしたというのが、また「流され」女優の面目躍如たるところだが、この欲も得もない思いつきゆえに、菱見百合子改めひし美ゆり子はまた表現と産業の両面で映画の変遷に巻き込まれることになる。つまり、以後の「ひし美ゆり子」時代の彼女は六〇年代のアンヌ隊員時代からは想像もつかないような、裸体と官能を前面に出した演技をひたすら要求されることになる。

グラビアが導いた性的イコンへの途

とはいえ、『鏡の中の野心』は余りにもひっそりと公開されたので、これによってその後のひし美のセクシー女優への途《みち》が決定づけられたのではない。そんなひし美を官能的な女優として観客たちの視界に押し出したものは、さてなんだっただろうか。このいきさつが、また出来すぎたまでにひし美の「流され」渡世に似つかわしいものだった。というのも、この時期、彼女はテレビドラマを取材に来たフリーのカメラマンに懇願されて解放的なヌード写真を撮るのだが、これを男性週刊誌に勝手に売られてしまい、あのウルトラ警備隊のアンヌ隊員が脱いだというふれこみのグラビアとして世に出てしまう（これまたなんという「流され」具合であることか）。六〇年代はマニッシュな健康優良児ふうのイメージであった菱見百合子は、ここを起点としてセクシーな裸を武器にしたヴァンプへと見え方がかわってゆくのである。

そしてこの裸のグラビアを見た筋から、さっそく対照的なふたつの仕事が持ちかけられた。ひとつは、新藤兼人監督がＡＴＧで撮ろうとしていた谷崎潤一郎原作「春琴抄」（映画化タイトルは『讃歌』）のヒロイン。もうひとつは同じヒロインでも東映の「不良番長」シリーズ。ひし美は当然前者に心動いたことだろうが、東映に押し切られて梅宮辰夫主演の「不良番長」シリーズに花を添えることになる。

ここでATG作品ではなく、また「流されて」しぶしぶとではあるが東映の騒然とした プログラム・ピクチャーに顔を出したことが、いよいよ彼女のヴァンプの貌《かお》と裸の演技を引き出すきっかけとなった。その決定打が次なる七三年の東映作品『ポルノ時代劇　忘八武士道』で、異才・石井輝男監督のエログロ満載のディレッタンティズム横溢《おういつ》する演出は、ひし美の大胆かつきっぷのいい演技と脱ぎっぷりを存分に活かしてみせた。

ここでの妖しい演技が評判となり、この七三年から翌年にかけて、ひし美ゆり子は上村一夫のヒット劇画が原作の松竹『同棲時代』や小池一夫原作の劇画を映画化した東宝『高校生無頼控　突きのムラマサ』など邦画各社のスクリーンに引っ張りだことなる。当時は興行不振ゆえ映画の製作条件も厳しくなって大がかりな見せ場を作ることもできず、各社とも女優の裸体の魅力にすがるほかなかった。ひし美に期待されたのも、まさにそういった官能表現の演じ手であった。当時活動を休んでいた大映を除いて、東宝、東映、松竹、日活と、気になるお色気女優と目されたひし美は、不振の続く邦画各社を渡り歩いて重宝がられた。

こうして各社のプログラム・ピクチャーのお色気パートの担い手を飄々《ひょうひょう》とこなしてまわったひし美ゆり子に、ついに初の主演映画の話がやって来る。東映の関本郁夫監督の成人映画『好色元禄㊙物語』（田中登監督、高倉健主演『神戸国際ギャング』の添え物の中篇であった）。後に『ツィゴイネルワイゼン』などの傑作で評価を集める田中陽造による脚本は、当初「好色一代女」と題されていたが、湿り気に蝕《むしば》まれた極貧長屋に住む姉妹が文字通り体を張ってけなげに、しぶとく生き抜くさまを描いて好評を得た。

『仁義なき戦い』と幻の『愛のコリーダ』

さらにこの当時のひし美ゆり子の快挙は、『好色元禄㊙物語』の直後に公開された深作欣二監督『新仁義なき戦い　組長の首』の異色ヒロインに起用されたことだった。それまでは添え物、際物《きわもの》的な作品が多かったひし美だが、「仁義なき戦い」シリーズといえば当時の東映の看板路線である。もちろんこの時期の「仁義なき戦い」は人気が沸騰した初期作品から三年近くを経て、なんとか新味を出そうと試行を重ねていた最中であり、特に『新仁義なき戦い　組長の首』は、かつてなら設定からきれいに排除されていた女性たちへの踏み込みやカーアクションの導入などが際立ち、一風変わった作品であった。ここで梶芽衣子ともども女侠的なヒロインを演じたひし美は、例によって堂々たる裸身をシネマスコープいっぱいに横たえながら、どすのきいた演技で観客を瞠目《どうもく》させた。

そして官能女優として頭角を現したひし美のもとに、深作欣二の次に現れたのは、大島渚であった。大島はなんと日本初のハードコア映画として注目を集めていた『愛のコリーダ』の主人公である阿部定の役をオファーすべく、ひし美にシナリオを渡した。相手役の吉蔵を演じた藤竜也は「不良番長」や『プレイガール』でもひし美と共演して息の合ったところを見せていたので、もしもこの二人で『愛のコリーダ』が実現していたなら、きっと性愛の場面はさらに陽性の寿《こと》ぎ《ほ》に満ちたものになったのではと夢想し、何よりひし美ゆり子は一躍国際的な大舞台に出られたであろうと惜しまれるのであった。

だが、「流され」女優のひし美ゆり子が、この時だけはなぜか流されなかった。彼女はこの仕事を受けるべきか否かを悩んで松竹の貞永方久《さだながまさひさ》監督に相談したところ、即座に断ることを勧められたという。ひし美ゆり子がよりによってここで「流され」なかったことは一大痛恨事ではあるのだが、とはいえこの時、稀代の話題作に背をむけて秘《ひそ》かなプログラム・ピクチャーを選んだことこそが、ひし美らしい気張らぬ自然さにまかせた選択なのかも知れない。

実際、ここからがまたひし美らしくて面白いのだが、こうして官能女優のレッテルを貼られたおかげで初主演作にも恵まれ、「仁義なき戦い」のヒロインにも扮して『愛のコリーダ』へのオファーも来るなど、着々と演技の評価を高めつつあった矢先に、彼女は見合い結婚をして一児をもうけ、何ら未練もなく女優休業を決めこむのであった。気合を入れてやってきた仕事のキャリアがこうして実人生に「流され」ても何ら抵抗なく、ひし美はまたその時の気持ちのおもむくままに動いて、彼女を成功に導いた関本郁夫監督などはかなり落胆したともいわれる。

現実のひし美ゆり子は後に離婚と再婚を経験し、新たな夫との間に三人の子をもうけながら長子を不幸な事故で失うなど、まことに浮沈の大きい波乱の人生を歩むのだが、決して女優業を廃業したわけでもなく、実は八〇年代後半まで途切れることなくテレビドラマの助演は声がかかれば引き受けていた。ただし、本人としては映画女優の仕事は実質的には七五年をもってきっちり辞めたという意識であり、以後は実生活での妻と母の貌が中心であった。実際、この頃のひし美ゆり子は、アンヌ隊員としてもプログラム・ピクチャーを妖しく彩った官能女優としても認識されていなかったはずである。

インターネット時代の「万華鏡の女」

そんなひし美ゆり子が改めてわれわれの視界に浮上するのは、官能女優として一躍注目された一九七五年から四半世紀近い時間を経た九〇年代後半のことであり、それもたまさか頼まれた「アンヌ隊員」時代を回顧する著書が評判を呼び、連鎖的に過去の出演作やグラビアまでもが再注目されたからであろう。ここでの評価の回路は、かつてのように出演作のソフトがその場限りで消費された時代にはあり得ないものであった。つまり、このひし美ゆり子の再ブーム以降は、往年の中高年のファンも、新たな若いファンも、ひし美の出演したテレビ映画、劇場用映画、グラビアを全て「現在」のものとして、しかも反復して愉しむことができるようになったわけである。

今どきの若いファンにはもはやこの画期性は理解不能かもしれないが、古びたテレビ映画の原版がデジタルリマスターにより放映当時より美しく鮮やかに（！）手入れされ、高画質のＤＶＤで携帯でき、あるいはパソコンさえあればいつどこでも旧作の画像を容易にダウンロードして愉しめるというのは、小さな白黒テレビに一期一会のせっぱつまった気持ちでかじりついていた世代にとってはほとんどSF映画じみた事態なのである（押井守監督は『鏡の中の野心』の公開当時、ひし美の美貌を「眼に刻みつける」ために一週間の上映期間のうち五日間劇場に通ったという逸話もある）。そしておそらくひし美ゆり子は、このデジタルな「複製技術時代」によってはじめてその女優としてのユニークさを広く認識された好例であろう。

世紀をまたいで、デビュー後の撮影所映画時代からテレビ映画『ウルトラセブン』時代にかけての菱見百合子、『鏡の中の野心』のひし見ゆり子、映画『忘八武士道』『好色元禄㊙物語』やテレビ映画『プレイガール』『手紙』などのひし美ゆり子……このかつてなら寂《さび》れた封切館や小さなテレビでひっそりとわずかな観客の目にふれただけで消えていったソフトの数々が一堂に陽のあたる場所に並び、何十年も前にほんの一週間ばかり男性誌をかざって忘れられたヌードグラビアの数々が網羅的に写真集にまとめられ、あるいはウェブ上の画像として膨大なユーザーの目にふれることとなった（また、こうした変化と歩調を合わせるように、ひし美ゆり子は知己に勧められるままインターネットでブログを開始し、世代を横断したファンたちとの交流を深めている）。こうしてひし美の埋もれたあの貌この貌が等しく「現在」となって像を結んだところに、ようやく女優「ひし美ゆり子」の全容とその面白さが見えてきたというわけである。

『攻殻機動隊』『機動警察パトレイバー』『イノセンス』などの尖鋭なアニメーション映画によって知られる押井守監督は、アンヌ隊員時代以来のひし美ゆり子の大ファンで、自らの実写映画『真・女立喰師列伝』やアニメ映画『スカイ・クロラ』にひし美を愛情とこだわり溢れるかたちで引用しているが、これらのひし美は、いったいいつの、どこにいるのだろうか。ここでの押井守は、今やネットを通した「現在」を生きてみせるひし美ゆり子を、あの自分が憧れ、思いを深めた「過去」の伝説の中に舞い戻らせようとするかに見える。もちろん、全てを「現在」化させるネットの時代に、そんな七〇年代までのような形での秘やかな伝説が成立する由もないことは、誰よりも押井自身が知っている。だが、伝説が全て「情報」化され、白日のもとにあまねく共有されてしまうこの時代にあって、押井守が往年の伝説を夢見、こんな倒錯じみた情熱を燃やす気持ちは理解に難くない。

極めてアナログな映画工場である撮影所出身の最後の女優であったひし美ゆり子は、映画の退潮とテレビの勃興を受けてテレビ映画の人気者となり、映画界の復興策であった性表現への傾斜に巻き込まれるかたちで成人映画も経験し、長い沈黙を経てビデオからＤＶＤ、インターネットというデジタル化の波のなかでそれらの埋もれた仕事が再浮上し、さらにはブログやツイッターの波に乗ってたまさか耳順《じじゅん》のネットアイドル（！）として名を馳《は》せるという、あたかも大衆メディア史の鏡のような存在である。ひし美ゆり子は、自らが強烈な個性や主張を発散させるのではなく、大衆メディアの変遷を異色なかたちで映し続けた「万華鏡の女」なのである。あっけらかんとこだわらない解放的な性格ゆえに、激変を重ねた大衆メディアの波に虚心に流され続けてきた女優ゆえの、これはきわめて独特でユニークな足跡であるに違いない。

第一章——

地谷子

最後の撮影所女優として

ベビーブームの先頭走者

ひし美ゆり子が生まれた一九四七年は、象徴的な年である。この年から四九年までの三年間、日本の出生数は連続で二五〇万人を超え、この総計およそ八〇〇万人に及ぶ世代が、いわゆる「団塊の世代」である。「団塊の世代」を定義する時に、この前後の世代を含める場合もあるが、とにかくこの四七年に始まる三年間の出生者が「団塊の世代」の核をなすことには変わりない。

折しもアメリカでもベビーブームが起こり、終戦直後からケネディ政権発足前夜の五九年までに生まれた約七八〇〇万人の〝ベビーブーマー〟たちが戦後の社会を変えてゆく推進力になるのだが、ひし美ゆり子もまたわが国の〝ベビーブーマー〟にして、その中核となる「団塊の世代」の先頭走者として生まれたのである。

これから読者諸兄の目はあなたの体を離れて、私と一緒にひし美ゆり子の追想の中へと入ってゆくことになるのだが、とにかくひし美ゆり子との対話のなかでは、あの時あの場所で食べたものの味と値段はどんなであったか、あの時あの場所でどんな昭和史に残る事件に遭遇したか……といった鮮やかな記憶が圧倒的な記憶力をもって再現されることしばしばで、私たちは今や輪郭も曖昧になりつつある昭和の記憶に快く回帰することになるだろう。

だが、それにしてもひし美ゆり子の生まれ育った菱見家は、そもそも理系の学者であった父を筆頭に兄たちも東大や慶應大に通うような、まるで芸能関係とは縁のない環境であった。

＊

――もともと菱見家は東京にあったのですか。

それが面白いエピソードがあるんです。私の父方の祖父はペリーの黒船が来航した年に生まれたんですね。一八五三年だから、嘉永六年。父がかなり晩年の子だったから、ということもあるんですけど、それにしても私の世代でおじいさんが嘉永生まれって凄くないですか（笑）。その祖父が、しかも上野の寛永寺で彰義隊が新政府軍と戦っていた時に、大砲の筒掃除をしてたそうなんです（笑）。講談で有名な新門辰五郎と一緒に官軍と戦っていたのだとか（笑）。でも彰義隊が敗北した後に、北海道へ渡って……。

――当時、彰義隊の残党は相当厳しく追いかけられて会津や北陸に逃げのびたそうで、一部には北海道へ渡って五稜郭の戦いに参加した人もいたそうです。おじいさまもひょっとして箱館戦争でまた戦っていたかもしれませんね。

その可能性もなくはないですよね。というのも、祖父は北海道に行って倶知安《くっちゃん》に住んだんです。今の倶知安の町役場がある、まさにその場所で父は生まれました。そして結婚した祖母は、今でいうミス北海道だったとか（笑）。後に倶知安から留寿都《るすつ》に移り住んで、父はそこから上京してきたんですね。地元の同じ学校出身で、一緒に汽車に乗って上京したのが、なんと指圧の浪越《なみこし》徳治郎さんだった。あんなに有名になられて、父もびっくりしていました。後に私がテレビの仕事で偶然浪越さんにお会いしたら、名字を聞いて「まさか菱見の娘さんかい」と驚かれていました。

――菱見家はずいぶんドラマチックな運命をたどったんですね。そしてお父様が上京されて、ひし美さんがお生まれになったのは中野の方だったかと。

ええ、生家のあったのが中野区鷺宮一丁目、今でいう若宮一丁目です。けっこうゆったりしたところで、土地持ちの農家のほかは会社社長や大学教授みたいな方々の新しい邸宅が多かったですね。父はエンジニアとして兵器の会社に勤めていたので、戦争もまっただ中の昭和一八年にそこに新居を構えたんです。戦争で儲かった会社の賞与で一軒家を買ったなんて、なんだか複雑ですけどね。

――ひし美さんはベビーブーム世代でいらっしゃいますね。

はい、昭和二二年の六月一〇日生まれ。まさにベビーブーム世代ですね。

——ご本名の地谷子《ちやこ》というお名前の因《よ》って来《きた》るところは？

この名前、地獄谷に落ちた子みたいで嫌いなんですよ（笑）。しかも亡くなった母に聞いても八卦《はっけ》で決めたとか言うばかりで、ついに由来はわからずじまい。

——お父様はもともと学者でいらしたとか。

父は後の千葉工大で教えたりもしていたらしいんですが、戦時中は兵器の会社でエンジニア、戦後は「スミラ工藝社」という拡大器の会社を興《おこ》したんです。拡大器は手動式の拡大コピー機といったもので、当時の値段で一〇〇円の単純なものですが、神田の三省堂などで飛ぶように売れた。「菱見時彦先生の驚異的な発明！」なんてキャッチフレーズで、少年雑誌の通販でもヒットしたらしい。それで持ちなれないお金を持った父が毎晩宴会をやったりして母と喧嘩していたのは覚えてる。もともとまじめでお金に免疫のない父だから、そんな大金が急に入っちゃっておかしくなったんでしょう。姉の小さい頃まではお手伝いさんもたくさんいるような立派な暮らしだったようですが、私が物心ついた頃はもう全くだめ。結局、この商売が傾いて、負債を処理するために中野の家を引き払うことになったんです。

——それから吉祥寺にお住まいになったんですね。

ええ。昭和二九年の八月。私が若宮小学校一年の夏休みの時に、中野の家を処分して、父母に姉、二人の兄と私の六人で井の頭の借家に引っ越しました。三鷹市牟礼《むれ》、今の井の頭四丁目です。ただこの家は六畳二間に三畳の板の間に台所……と六人が暮らすには大変狭いうえに、水道もなく井戸水で、内風呂もなかったので銭湯通いでした。そういえばこの頃、銭湯にほっそりしたモダンな女性がいたんですが、それはなんとゾルゲ事件でリヒャルト・ゾルゲと親密な仲だった石井花子さんでした。姉が教えてくれたんです。

——ゾルゲ事件の渦中の人が普通に巷《ちまた》にいた時代なんですね。そんな時分の吉祥寺は、現在とはまるで様子が違ったことでしょう。

ええ、今でこそ吉祥寺は住みたい町として評判ですが、当時は母が井戸水を汲みに行くたびに「ここは田舎ねえ」とぼやいてました。吉祥寺の井の頭線のガード下には闇市の名残りふうの露天商がずらっと品物を並べて、傷痍《しょうい》軍人がアコーディオンを弾いて……本当にまだ戦後という感じでしたね。でも「三丁目の夕日」の時代になると、「ボア」のようにおしゃれな喫茶店が出来たりして、だんだんイメージが変わってきたのよね……「ボア」はまだあるのかな？

——あの東郷青児の大きな画がかかった喫茶「ボア」は昭和三三年の開店。何度か足を運

びましたが、昔はさぞやしゃれた喫茶店だったのだろうなと空想していました。吉祥寺は前進座もあるので、中村梅之助さんが幼いころの梅雀さんにアップルパイをよくお土産に買って行かれたとか。半世紀を経た二〇〇七年に惜しくも閉店しました。

そうですか。東郷青児さんもあのお店は好きだったみたいね。洋菓子の包装紙も東郷さんの画がついてた。

――やがて映画女優になられるひし美さんが初めてご覧になった映画は何でしょう。

私立の大和幼稚園というところに通ってた六歳の時。野方駅のそばに「西武座」という映画館があって、母と初めて映画を観にでかけた。それがよりによって今井正監督『ひめゆりの塔』（五三年）。幼稚園児にあの内容、あの長さの映画はちょっと辛くて、早く外に出たくて仕方がなかった。そのおかげで未だに暗い映画館に閉じ込められるのは大の苦手。母と映画を観たのも、それが最初で最後でした。ただ、小学六年生ぐらいの頃に、学校の映画会で観た今村昌平監督『にあんちゃん』（五九年）や今井正監督『キクとイサム』（五九年）などには、けっこう感動しましたよ。そうそう、小五の時にお友達と吉祥寺のスバル座でウィーン少年合唱団の『野ばら』（五七年）を観て、美少年スターのミハエル・アンデにファンレターを書いたな。それが私の書いた最初で最後のファンレターね（笑）。

――特撮映画はご覧にならなかったのですか。

吉祥寺に引っ越してきた一九五四年に、うちの兄二人が『ゴジラ』（五四年）を観て凄いぞと大騒ぎしてたのを覚えていたので、その後私も吉祥寺の東宝に『モスラ』（六一年）を観に行った。中学二年の時ですね。でも私はモスラよりも劇場に飾ってあった宝田明さんや加山雄三さんたちのスターの写真を眺めて、「ああ、夏木陽介さんカッコいいな」って思ってた（笑）。子供の頃から濃い顔だちよりも、いわゆる醤油顔の方が好きだったのね（笑）。そのほか東宝の映画は江利チエミさんの『サザエさん』（五六年）のシリーズと美空ひばりさん、江利チエミさん、雪村いづみさんの三人娘シリーズくらい。東映は近所のお姉さんたちに連れられて美空ひばりさんの『娘の中の娘』（五八年）というのを観たかな。日活では裕次郎さんの『太平洋ひとりぼっち』（六三年）ね。

――ひし美さんのティーンの頃はスポーツ少女だったそうですが。

私は四人兄弟の末っ子で、てっぺんが八つ年上の姉、次の長兄が東大の囲碁部、次兄が都立武蔵高校時代は山岳部で、慶應大学に入ると「パールアイランダース」ってハワイアンバンドをやっていました。姉はソフトボールで国体に出たほどスポーツ好きだったんですが、私も東京女子体育大学系列の藤村女子高校に通っていました。学校では勉強よりもっぱらスポーツで、クラブは陸上部。私はハードルの選手で、それはもう練習に明け暮れる毎日でした。自慢ではないですが、リレーでは中野区の大会で優勝したこともあるんですよ。

スカウトの契機は「東京オリンピック」

こんなまるで芸能界とは無縁な健康優良児のスポーツ少女が、映画界と接点をもったきっかけが「東京オリンピック」だったというのも、ひじょうに象徴的なことだろう。一九六四年開催の東京オリンピックは、戦後の復興と日本の国際社会への復帰を掲げた国家的事業であった。当時一七歳の高校生だった菱見地谷子も、招致成功後に劇的なペースで首都高速道路や新幹線、競技場、ホテル……などの数々のインフラ整備を経て変貌してゆくご当地の東京に暮らしながら、この絢爛たる一大イベントに胸躍らせていたに違いない。

そんな彼女を映画界に引き寄せたのは、実は記録映画のほうの『東京オリンピック』であった。映画ファンにはひろく知られていることだが、黒澤明をはじめ幾人かの名匠たちへのオファーの後に市川崑監督が引き受けることになった公式記録映画

『東京オリンピック』は、無名の一選手に焦点をあてた構成や超望遠レンズによる画づくりなどが従来のドキュメンタリーの定番におさまらない異色のものであったため、オリンピック担当大臣であった河野一郎が「記録性に欠ける」とクレームをつけたというういわくつきの作品であった（これもまた今となっては当時らしい素朴な反応だが）。しかし、総尺三時間近い大作『東京オリンピック』は、東宝系の劇場をはじめ全国の学校やホールなどで上映され、日本映画史上最高ではないかと言われる観客動員を記録した。そして、『東京オリンピック』は無名の少女・菱見地谷子に、こんな意外な人生の転機をもたらした。

＊

——ひし美さんが芸能界に入るきっかけは何だったのですか。

私が北中野中学から藤村女子高校に入ったのが昭和三八年。翌年は、東京オリンピックの年で日本じゅう盛り上がったんですが、そんな高二の終わりごろに、市川崑監督の記録映画『東京オリンピック』と東京都知事の東龍太郎さんのメッセージを携えて、次のオリンピック開催地のメキシコに行く親善使節みたいなミスを選ぶ「ミス東京セニョリータ」っていうコンテストを東宝が催した。それで高校のとなりの席の子が「私も応募するから一緒に出そうよ」って、その子の家で撮った写真を送ったんです。すると私にだけ、一次写真審査は合格したので日比谷の芸術座で本選をやるから水着持参で来てくださいと通知があって。まさかそんなと思って迷っていたら、友だちが「せっかく受かったんだから行ってきなよ」と言ってくれて。電車賃だけ握りしめて行きました。

――日比谷の元の東宝本社とつながっていた、今はない芸術座ですね。

ええ。もう競泳用の水着を持って、おそるおそる出かけたんです。あの時分は水着といえばセパレーツで、みんなビキニなんか着てない時代ですけど、それにしても私だけ全然かわいくない競泳用の黒い水着で。あまり高校生なんかいなくて、私はいちばん若いほうでした。それに、みんなお母さんやお姉さんが応援に同伴してるのに、私だけ制服着てぽつんと一人で来ている感じ。私は学校に行くって家に嘘ついて来てるから、制服着て行かないわけにいかなかったんですよ（笑）。みんなアタマもセットして、きれいにお化粧しているのに、私はおかっぱで化粧っ気もなくて……。

――何人くらいの応募者が来ていたんですか。

書類でけっこう絞られていたらしくて、そんなに大勢ではなかったです。芸術座の座席二列ぶんくらいだったかな。審査員は山本嘉次郎監督。ほかに『東京オリンピック』関係だからか、市川崑監督の奥様の和田夏十さんのお名前もありましたが、いらしていませんでした。ほかに東宝の重役さんらしき人が五、六人。山本嘉次郎さんといえば、ＮＨＫの人気番組『それは私です』を思い出しました。山本さんは解答者としての質問がお上手でしたよね。

――審査ではどんなことを試されるのですか。

実は本当にみんなきれいで華やかだし、水着も着ないといけないし、途中で帰りたくなって。決定的にもう帰ろうと思ったのは、セリフの紙を渡された時。私、人前ではしゃべれない性格だから。それで、舞台のはじのほうにいたのでロビーに出たら、豪華な商品が積んであった。それ見たら、せっかく電車賃かけて来たんだし、がまんしてやり終えたらこれ貰えるんじゃないかと思いなおして（笑）。パッと戻ったら、ちょうど「菱見地谷子さん、菱見地谷子さん！」って呼ばれてるから、さっき帰るつもりで水着の上から着てた制服をサッと脱いでステージに出て行ったんです（笑）。その後で言わされたセリフは、お母さんと「今日は○○だねえ〜」みたいな何気ないことをしゃべる、何かのお芝居の抜粋だったんですけど、せいぜい何十秒くらいのことだから、これをがまんすればあの賞品が手に入る、恥はかき捨てだぁと（笑）。どうせここにいる人とは二度と会わないだろうと。

――結果、ひし美さんは準ミスに選ばれた。

後で聞いたらミスは帝塚山女子大のお嬢さんにもとから決まっていたんだそうで（笑）。当時は海外旅行も高いですから、メキシコに行けたのはミス一人だけ。このミスコン自体が賑やかしだったんですね。でも、ステレオだのミシンだの凄い賞品をたくさん貰ったので、こうなると親にも威張って白状しましたよ。実は学校休んでこんなのに行ったんだって。まだ女優になるとかいう話でもないし、まあエライとも言われなかったけど、怒られもしなかった。そしてあのまだ家電があまりない時代に、観音開きのステレオや電気ミシンが送られてきたんです。

――それでその後に東宝からカメラテストに呼ばれたんですね。

そうなんです。山本嘉次郎監督から、〝今日の入賞者の中で後日東宝で行うカメラテストに合格した人は東宝のニューフェースに選ばれます〟と発表があったんです。その言葉どおり、カメラテストをしたいので撮影所に来てくださいと東宝に言われたんですが、さすがにこれは親には言えず。こっそり姉に相談したら、一緒について来てくれた。姉もあまりお金を持っていなくて、家のある吉祥寺から井の頭線で下北沢、小田急に乗り換えて成城学園まで、この往復の電車賃だけ持って、あとは撮影所まで歩いて行った。スチールマンの石月美徳さんが気さくにノセてくれたので、すっかり

東宝でのカメラテスト時の写真。

いい気分でポーズをとっていました。桜田淳子みたいなショートの写真がこの時のものです。

——東宝を草創期から支えてきた名匠・山本嘉次郎監督は、黒澤明を採用して本多猪四郎や谷口千吉らとともに監督への道に導いたり、名女優・高峰秀子を育てあげたりと、その炯眼《けいがん》と采配で日本映画史に大いに貢献してきました。そしてなんと、渋谷で靴磨きをしていた青年・黒部進さんに東宝のニュータレント試験を受けるように勧めて俳優デビューさせたのも山本監督でした。山本嘉次郎は、『ウルトラマン』その人であるハヤタ隊員の発掘者にして、普通の女学生だった菱見地谷子さんを『ウルトラセブン』のアンヌ隊員への途に導いた張本人でもあったわけです。さて、話を戻しますと、撮影所に付いて来てくれたお姉さまはすでに放送業界にいたそうですが。

姉はエフェクトマン・グループという効果の会社にいたんです。ご近所だった毎日放送のディレクターさんのお宅でよく業界のオシャレな関係の方が集まるパーティーをやっていて、そこに顔を出すうちにそういう世界にハマッちゃって、そこで知りあった方と仲よくなって効果の会社に入ったんですね。たとえば象の音声が欲しいとなるとそれを録音しにいったりするわけですが、女性の新しい就職事情を紹介する……みたいな雑誌の記事に載ったりもしてましたよ。こんなふうに姉が先に業界に入っていたから、東宝から私に誘いがあった時などは姉のほうが積極的だったかもしれない。当時、姉は二五歳、私は一七歳。

――お姉さまがすでに業界にいただけでなく、かつてお父様の妹さんは女優さんで、しかも阪東妻三郎と共演なさったとか。

ええ、父の妹は一九三六年の映画『魔像』（石上純監督）で、小原三千代という芸名で阪妻の女房役（役名は園絵）を演っていたんです。日舞の新藤間流を始めたのは叔母なんですが、映画には踊りをやっていた関係で呼ばれただけで、本格的に女優をやるつもりはなかった。映画もそんなに評判よくなかったのかな。とにかく叔母はこれ一本しか出ていなくて、その後は銀座でビルをたくさん持っているような資産家と結婚して子どももうけた。ところがその方とは死別して、子どもも腸閉塞か何かで亡くなった。そして叔母には資産が残されたから、いろんな人が集まってきて。結局旅役者とくっついて巡業したあげく、京都で結核になって腰巻ひとつで死んじゃった。

そういうことが身内にあったから、父は芸能界には強く反感を持ってました。

――よく東宝に行くことを許してもらえましたね。

東宝の重役さんから「ぜひ東宝に来てください」と契約書を渡されて、もしご両親が反対なさるのなら私たちが説得に行きますから、とおっしゃった。その書類を見せたら案の定、父は猛反対なんです。契約書の東宝という字が「東寶」と旧字になっていたから、猜疑心の強い父は「おまえは騙《だま》されている」と(笑)。姉は熱心に説得してくれましたが、全く取り合わない。結局、東宝の重役さん――白髪の素敵な紳士が二人見えて、父もまあ納得した。私はあんな貧乏住まいに重役さんたちが見えるのは嫌だったんですけどね(笑)。

東宝俳優養成所時代

ひし美ゆり子の叔母が戦前の新興キネマと阪妻プロ提携の『魔像』で阪東妻三郎と共演していたというのは、あまりにも意外な事実だが、関西の演芸興行会社から出発し、歌舞伎を母体とする松竹の傘下にあった新興キネマなどとは対照的に、東宝は阪急資本を中心に大日本麦酒なども出資した財界発の企業であったため、経営システムも社風もかなり合理的でモダンであった。それがゆくゆくは洒脱で都会的な、ホワイトカラー向けの「東宝カラー」を生みだしてゆくのであるが、菱見地谷子のような新人発掘にも余念がなかったこの当時、実はすでに映画界は斜陽の一途をたどっていた。

それにはレジャーの多様化などさまざまな要因が考えられるとはいえ、やはり大きな原因はテレビ受像機の普及であった。日本映画の観客動員数は一九五八年をピークに急激に減少してゆくが、まず五九年の皇太子成婚の中継が白黒テレビの購入を促し、くだんの東京オリンピックが今度はカラー受像機の販売を躍進させた。いわば東京オリンピックというイベントは、その記録映画が戦後最大ともいわれる観客動員を実現した一方で、テレビの劇的な普及を促したという側面を持つ。そして、東京オリンピックによって芸能界に導かれた菱見地谷子は、文字通り「最後の撮影所女優」にして「高度成長期のテレビ女優」の途を歩んでゆくことになる。

さて、その「最後の撮影所女優」が目の当たりにした凋落期の東宝撮影所には、しかしまだ専属の大スターのほかに、彼女のような有望株の新人を育て、さらに大部屋の俳優たちも擁するという最後のゆとりが残っていた。

＊

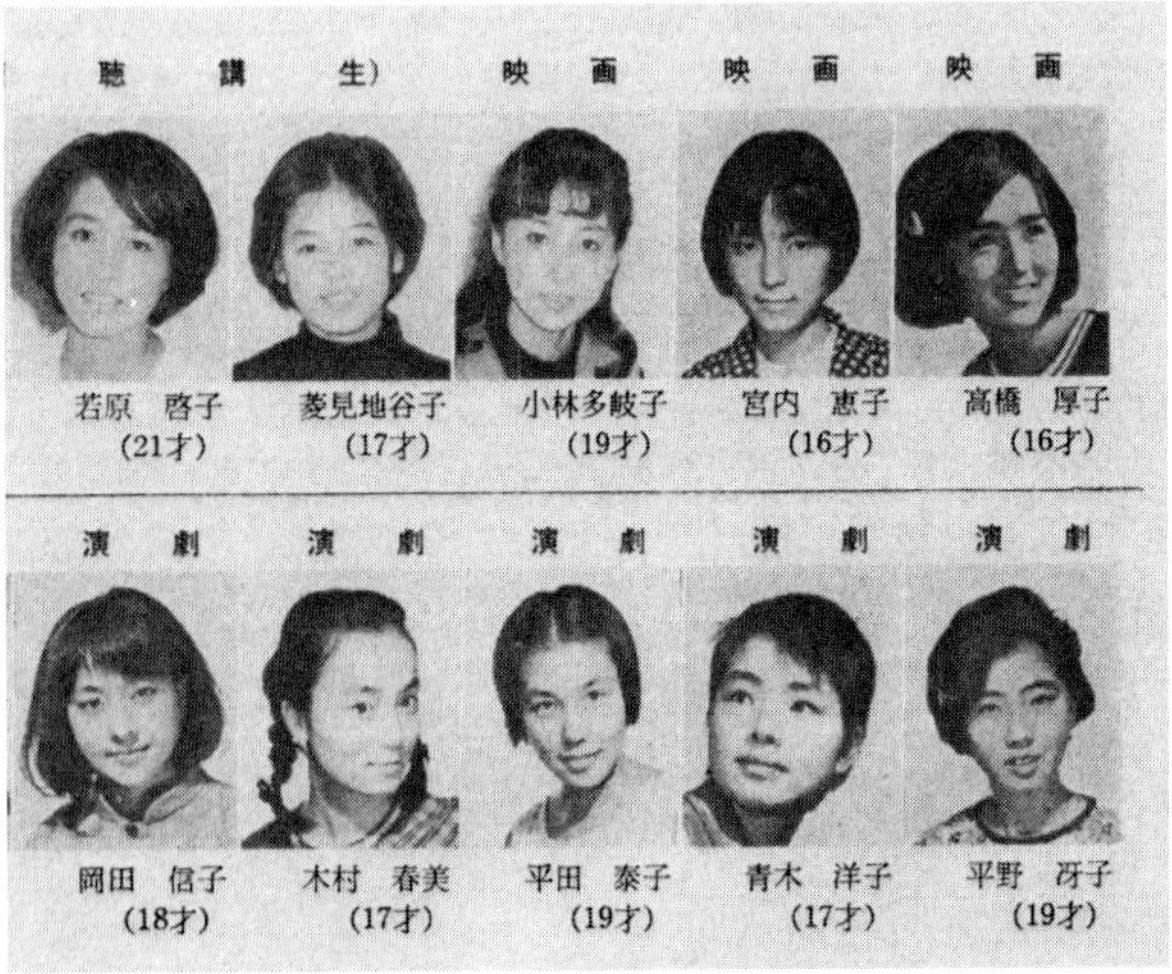

試演会パンフ。「映画聴講生」がスカウト組。

——スカウトされると、すぐに契約料が払われるわけですか。

ええ、この時点で高二でしたから、契約は高三の四月から。すると毎月八千円の契約料が入るんです。学校にいながらお給料をもらっていたわけですね。当時の八千円というのはけっこうな額で、私使うあてないからお兄ちゃんの大学の月謝に充《あ》ててよ、なんて言ってました。当時の東大の学費が月に千円でしたから。

——東宝からは何か女優の卵としての心得を申し渡されたりするんですか。

激しい運動は慎んでくれと厳重に言われましたので、陸上部は辞めました。長兄の影響で少し興味があったので、ちょうど出来たばかりの囲碁部に入りました。しかも私が初代の部長（笑）。

――スカウトされたひし美さんは、どういうランクの俳優として待遇されるのですか。

当時の撮影所の専属俳優には、有名なスターが「A」、次いでスター候補生が「B1」、いわゆる大部屋俳優が「B2」というランクがあって、私は「B1」でした。大部屋の人たちにはタイムカードがあって毎日サラリーマンのように撮影所に来ないといけないんですが、私たちは仕事がある時だけ行けばよかった。

――新人はまず最初に東宝の養成所で演技の基礎的なレッスンがあったそうですが。

夏に募集する「オール東宝ニュータレント」に合格した人たちも入って来た後で、高三の九月から半年間、東宝の俳優養成所で勉強しました。私たちはその六期生。ほとんどは志願してきて採用された人で、私みたいなスカウト組は三人だけ。お母さんが女優さんだった若原啓子さん、そして大木小夜子さんという方と私。途中からどこかの銀行の頭取のお嬢さんだった人が、宝塚で足を痛めたからってここに加わったけど、すぐに辞めて年下のお医者と結婚しちゃったな（笑）。とにかく、このスカウト組やコネ組は契約済なので「聴講生」と呼ばれて、扱いもやや別格で毎月八千円払われるけど、他の自分たちから名乗りをあげてきている人たちは五千円。でも皆養成所でやることは一緒で、日舞に洋舞、声楽に発声なんかを勉強するんですね。外郎売《ういろううり》っ

養成所に入所する前に、宣伝部員の別荘に懇親旅行。

て知ってますよね。

――拙者親方と申すは……という俳優さんやアナウンサーが練習に使うやつですね。

そうそう。その外郎売やったり、通鼻音とは何かとか習ったりしてたんです。でも私は日舞も洋舞もだめで、とにかく先生と顔を合わさないようにしてたな。映画部の人は割りと上手に出来なかったけれど、舞台部の人なんかもともとやる気満々だから、勉強も積んでいてお上手でしたよ。

――養成所の所長は、ミス・コンテストの審査員だった山本嘉次郎監督でしたね。山本監督は何か教えたりされたのですか。

山本嘉次郎さんはめったにいらっしゃらなくて、入所式などで映画界のことを総論的に話されてました。講師のなかで一番印象的だったのは、サイナラサイナラの淀川長治さん。確か「ボクはバレリーナになりたかった」みたいなお話をされて、お話上手だから皆笑って夢中になって。今思うと五五歳くらいだったのかな、当時すでにテレビでも有名でした。

——それにしても山本嘉次郎監督はアンヌ隊員の発掘にひと役買っているだけでなく、『ウルトラマン』のハヤタ隊員の発見者でもあるのですね。渋谷の今はない東急文化会館の前で靴みがきをしていた黒部進さんに、山本監督が東宝のニュータレント試験を受けるよう強く勧めたという……。

黒部さんは「オール東宝ニュータレント」の第二期生だったんですよ。桜井浩子さんは一期生。そのニュータレントのオーディションは八期まで続きました。ちなみに、この「オール東宝ニュータレント」の前身が「オール東宝ニューフェース」で、これは十五期まで続いたそうです。その最後の十五期に古谷敏さんがいたんですね。

——さて、養成所は東宝撮影所にあったわけではないんですよね。

東宝本社のすぐそばの日比谷映画街。私が『ラスベガス万才』（六四年）を観たのはスカラ座で、そのお向かいの『エル・シド』を観たところは何と言ったっけ……。

――『エル・シド』は六二年に有楽座で七〇ミリ公開されましたね。

その有楽座の横に東宝のカレンダーなんかを売ってるゲームコーナーみたいなところがあったような気がするんですが……。

――ありましたね。日比谷映画街の入り口に位置したのが日比谷映画と有楽座。日比谷映画はクラシック過ぎてやや観にくい映画館でしたが建物自体には凄く風情があって、有楽座は見やすい大画面で内装も立派な劇場でした。八〇年代半ばにともに取り壊されて日比谷シャンテに変わりましたが、もとの有楽座の脇には映画少年がたまるゲームコーナーがずっとありました。

そうそう、そのゲームコーナーと有楽座の間を通り抜けて裏側へ回ると東宝の社員専用の階段とエレベーターがあって、その五階が養成所だったから、ゲームコーナーのジュークボックスの音ががんがん聴こえてきたの。当時は尾藤イサオの「悲しき願い」がヒットしていて、一日じゅう、〽誰のせいでもありゃしない　みんな俺《おい》らが悪いのさ〜って、アレばっかり聴こえるのよ（笑）。音楽ってよく覚えてるじゃない。そういえば、あのゲームコーナーのバイトのお兄さんに頼んで、時どきタダでフリッパーゲームをやらせて貰ったっけ（笑）。

――養成所では一日どのくらい勉強するのですか。

高三の九月から三月まで半年間、午後一時くらいから四、五時間かな。高校を午前中で早退して毎日制服のまま養成所に通いました。同期の三三人のうち、同じ映画部の宮内恵子（後の牧れい）さん、高橋厚子さんほか七、八名は制服だったわね。養成所でいつもお世話になった山内さんというおじさまは、作家の里見弴《とん》さんのご子息でした。その後、三月に芸術座で試演会というのがある。養成所に来ている人は東宝の映画とテレビと現代劇（舞台）に所属が分かれるんだけど、二〇名くらいいた舞台部は合同でミュージカルをやって、私のいた映画部やテレビ部は何人かで組んで有名な映画や戯曲の抜粋を演じるんですね。私は、あの久我美子さんの演った今井正監督『また逢う日まで』の抜粋を演った。ほかには森本薫さんの「みごとな女」とか演っている人もいた。

――『また逢う日まで』といえば有名な窓越しのキスシーンですか。

いいえ、あそこではなくて主役の三郎と螢子が画を描いていると空襲の爆撃の音がして「このあたりではいつもこんな音がするのよ」みたいなことを言ってちょっと抱き合いながら泣く……という場面。実はリハーサルの時にその空襲の音が鳴らなかったから、念を押していたのにやっぱり本番でも出なくて、ウワーッと悔し泣きしながら

東宝俳優養成所の試演会（日比谷芸術座）。『また逢う日まで』の抜粋を演じた。

相手に抱きついたら、客席に観に来ていた一の宮あつ子さんに誉められた（笑）。

――一の宮あつ子さんは来賓だったんですか。

ええ、審査は特にしないのだけど、東宝の舞台によく出ていらしたので観にいらしてたんでしょう。東宝のお偉いさんたちも、いい席で観ていた。後で一の宮さんの付き人だった同期の中村孝一くんが来て「先生はチャコが一番いいって言ってたよ」って教えてくれたけど、本当に樋口さんが言うように流されるまま偶然偶然がうまく働いただけで（笑）。養成所に来てた多くの人は一家総出で「女優にしよう」と応援されている人が多かったので、この試演会には皆の親戚一同がいっぱい集まって来てたんだけど、皆さん次々と芸能界を去って行かれましたよね（笑）。例によってまた私だけ一人で来ていたかな。同じスカウト組の若原啓子さんもせいぜい従兄弟《いとこ》が一人いたくらいで。そういう志願組とスカウト組の体温の違いがあった。

――その頃の養成所出身者には他にどんな方がいますか。

永原和子さんといって、改名した後に浜畑賢吉さんの奥さんになった上村香子さん。彼女は東宝現代劇に属した演劇の人だった。でも東宝現代劇というのは、当時は仕出しばかりやらされがちで、いい才能がやめちゃうのよね。伊吹吾郎さんもニューフェイスで入ってきていたけど、現代劇を途中でやめちゃった。ずっと残って売れたのは小鹿敦（後の番）さんや井上孝雄さんぐらいかな。一期先輩の五期には前田美波里さん、中山麻里さん。八期生には亡くなった『スペクトルマン』（鷺巣富雄＝うしおそうじのピー・プロダクション制作の特撮ヒーロー物）の成川哲夫さん。成川さんも現代劇の人だったらしい。八期には、今活躍してる俳優の坂口憲二さんのお母さんもいたみたい。

――若原啓子さんは後にＴＢＳの山田太一ドラマの名演出家だった井下靖央さんと結婚して引退されますが、未だに親友でいらっしゃいますね。

実は養成所に行ってびっくりしたのは、みんなが煙草も吸うし、お酒も飲んでいたことなんですね。背伸びしたい盛りだから私は三歳年上の若原啓子さんに〝お酒が飲みたい〟とせがんだんです（笑）。養成所のそばの日比谷のガード下の焼き鳥屋さんに連れて行ってもらって、生まれて初めて大酒を飲んだなあ（笑）。高三だったし、翌日には試験もあったので、酔っぱらって帰ったら母にこてんぱんに叱られました。あのあたりといえば、「家族亭」というお店の辛味大根そばというのが美味しくて、これが当時一八〇円。東宝現代劇の小沢幹雄さん……小沢征爾さんの弟さんが、よその席で「あー、辛いけど旨い！」と大汗かいて食べてたのが印象的でした。他にも「慶楽」のかけごはんとか覚えてますね。そういう食べ物の記憶って、けっこう残ってるんですよねえ。他にも後になって藤あきみさんに連れて行ってもらった六本木のお店の、土鍋でぐつぐつ煮込む鶏そば……。

――「香妃苑」ですね。「慶楽」ともども私もよく行きます。あの鶏煮込みそばは好物です。

あの鶏煮込みそばは当時三五〇円。真似して家で作ったりしました。高一の頃に、同級生の共同通信のえらい方のお嬢さんに連れて行ってもらって初めて新宿中村屋でインドカリーを食べたけど、あれも三五〇円で上等だった。そういえば食べ物の思い出のことで余談ですけど、当時住んでた井の頭の家の裏手に高級分譲住宅地が出来て、

東宝俳優養成所第六期。中央が山本嘉次郎監督。その左が菱見、小林夕岐子。

そこに越してきた昭和初期生まれの業界関係のご夫婦のお宅が凄くカルチャーショックで。洋風のとにかく垢《あか》ぬけた邸宅で、何しろ私と同い歳のそこの娘さんの名前が美令由《みれいゆ》ちゃん、弟が絵《え》美留《みいる》ちゃん（笑）。こんな名前つけるお宅なんか当時は聞いたことがなかった。さらに「名犬ラッシー」みたいなコリーもいて、豪華な居間を「サロン」と呼んでたな。私はそのお宅が珍しくて楽しくて、いつもあがりこんでいたんだけど、美令由ちゃんちで感動したのは、パンにつけるバターがおいしかったこと！　クラッカーにレバーペーストつけて食べるなんてこともそこで初めて知ったし、コーラも初めて飲んだんです。日本の貧しかった時代に大きくなると、今もついバターをたっぷり「大人塗り」して中性脂肪が増えちゃうのよね（笑）。

――そういえば、養成所期間中には、会社から頼まれてミスコンテストに花を添えに出るということもあったそうですね。

ええ、ミスティーンコンテストというのに、いわばサクラとして出て欲しいと言われまして。すると一位が大信田《おおしだ》礼子さんで、私はなんとまた準ミスに（笑）。審査会場のトイレで大信田さんのお母さんに〝あなた、お一人で見えてるの？〟って声をかけられましたっけ。審査後に、渡辺プロの方が私に寄ってきてスカウトしようとしたものだから、東宝の人が慌てて〝この子は違いますから〟って言ってましたね（笑）。

東宝カラーと映画女優デビュー

一九八〇年代の前半までは、晴海通りを帝国ホテル方向に曲がると、レトロな尖塔が立つ日比谷映画の絵看板を入り口に、威容を誇る有楽座、向かいの東京宝塚劇場のなかにあるスカラ座、有楽座の先の千代田劇場、さらに隣の芸術座地下のみゆき座からなる日比谷映画街は、帝国ホテル向かいの東宝本社のお膝元で、まさに街自体が垢ぬけた「東宝カラー」を発散していた。ちなみに東宝株式会社は、一九三四年に阪急電鉄の小林一三が日比谷一帯のアミューズメント開発の旗艦として開場した株式会社東京宝塚劇場が、四三年に東宝映画株式会社と合併して出来た会社である（東宝とは東京宝塚の略）。

八〇年代末には、この贅沢な旧建築が立ち並ぶ一角は再開発で日比谷シャンテに生まれ変わり、今や東京宝塚劇場も新しく様変わりしてしまったが、東宝の高井英幸社長（現・相談役）のように、ここ日比谷映画街の有楽座などクラシックで立派な劇場で「東宝カラー」の魅力を知り、やがて自らがその担い手となっていった人もいるように、菱見地谷子もかつて『エル・シド』や『ラスベガス万才』を堪能した日比谷映画街の真ん中にあった養成所で東宝の女優としての手ほどきを受けたのだった。この半年の養成所時代を経て、菱見地谷子は芸名も持たずに、砧《きぬた》の東宝撮影所で映画の端役からスタートを切るのだった。

ちなみに、戦前の東宝映画株式会社は阪急電鉄と宝塚歌劇団が関西で創りあげていたインテリサラリーマン向けの文化（後年、阪神間モダニズムと命名された）を東京にも立ち上げようという流れのなかに生まれたもので、東宝の映画作品が日比谷や丸の内を舞台にした軽妙なサラリーマン物をお家芸としたのは、そういう会社の沿革ゆえのことである。ホワイトカラーの無産中流層をターゲットとしていた東宝映画のカラーは知的で都会的だった。この流れを戦後も継承し、洗練、洒脱、軽妙、クール、スマート……といった要素で占められていた。

菱見が映画に初出演した六六年、逆にP・C・L映画製作所時代から東宝カラーを培ってきた山本嘉次郎は最後の監督作品『狸の休日』を撮っている。同じくこの年には成瀬巳喜男監督も『女の中にいる他人』『ひき逃げ』と監督歴におけるラストスパートを見せ、次世代の本多猪四郎監督も『フランケンシュタインの怪獣　サンダ対ガイラ』という潤沢な製作費が許された時代最後の特撮映画を手がけている。ちなみに黒澤明の『赤ひげ』、市川崑の『東京オリンピック』といういかにも撮影所のスケールメリットを活かした作品がぎりぎり製作されていたのは前年のことである。

このように菱見のデビュー時期は、東宝撮影所の歴史を作ってきた名匠たちのもと、劇的な興行不振のなかで最後の撮影所の踏ん張りを見せていた頃に相当する。だが、これ以降、菱見が端役として出演する作品の監督たちには、こうした自らが助監督として師事した名匠たちの時代のスケールとゆとりは許されず、作品も小ぶりになっていった。とはいえ、作品の内容ではまだ東宝カラー的な品のよさは保たれていた。

＊

――半年の養成所生活が終わると、六六年九月公開の岩内克己《かつき》監督『パンチ野郎』に出演。これが最初の映画になるわけですね。

養成所を出て三カ月くらい経ったら撮影でした。といってもVANショップの店員というホンのチョイ役。主演の黒沢年男（現・年雄）さんにショップでトレーナーを見せて「こんなのいかがでしょう」って尋ねる程度の役。スクリーンに映ると元の顔の一・二五倍に見えると聞いていたんですが、本当に顔がこーんなに広がって見えてショックを受けました。黒沢年男さんは大変真面目な方で、撮影所で毎週土曜日に有志の勉強会があったのですが、よくそこにも来ておられた。

東宝でのポートレート。

――『パンチ野郎』のすぐ後、六六年一〇月公開の恩地日出夫監督の秀作『あこがれ』では、おかしなエピソードがありますね。

保母さんの役で、オルガンを弾きながら園児と唄う場面。監督の号令の「ヨーイ!」の後になかなか「スタート!」が出ないから、緊張のあまり自分で「スタート!」って叫んでオルガン弾き始めちゃいまして（笑）。せっかくオルガンを猛練習してきたのに、もう大恥ですよ。

――六六年といえば福田純監督の『ゴジラ・モスラ・エビラ　南海の大決闘』という映画で高橋紀子さんが予定していた娘の役をひし美さんが演ずる話もあったとか。

高橋紀子さんが虫垂炎で降板になって、代役を立てることになったんですね。あの南洋の島の娘の役は、私にも似合いそうな気がしてちょっとやってみたいなと思ったんです。そのうち実際にちょっと話も来たんですが、やはりこんな新人には難しいんじゃないかという話になって水野久美さんが選ばれたのでしょうね。

――その後、六六年いっぱいのうちに本多猪四郎監督『お嫁においで』、杉江敏男監督『落語野郎　大馬鹿時代』、岩内克己監督『レッツゴー!若大将』などに顔を出されています。

この頃は出ているといっても本当にチョイ役もチョイ役で、『お嫁においで』はヒロインの沢井桂子さんが勤めている東京プリンスホテルのレストランの同僚ウエイトレス、「落語野郎」なんかは確か料亭の下働きの娘みたいな役で、月の家圓鏡（現・

橘家圓蔵）さんが訪ねてきたら「お見えですー」ってひとこと言うだけ。

――『お嫁においで』は『ゴジラ』の本多猪四郎監督の作品ですが、何か本多監督のことで覚えていますか。

それが残念ながらチョイ役なので、ほとんど覚えていないんですよ。本多監督の作品に出ていたことすら、後に監督の息子さん（本多隆司氏）に言われて気づいたくらいで（笑）。ただ、乱闘シーンで仕掛けのビール瓶で人を叩いたらみごとに簡単に砕けるのにびっくりした記憶はあるな（笑）。

――この頃はまだ「菱見百合子」の芸名もなく、本名でクレジットされていますね。

一度、東宝の上のほうの方が宝田明さんに私の芸名をつけてくれるよう頼んでくれたんです。本名の「菱見地谷子」から部分をひろって「谷見地子」という名前を考えて下さったんですが、ちょっと硬いなあということで見送りになったんです。それでしかたなく、不評ながらも本名を使っていました。

――六七年二月放映のフジテレビ『ただいま見習中』の中の一話「逃げないでママ」が、最初のテレビ出演作となりますね。

父親役が中村竹弥さん、母親役が津島恵子さん。確かリンゴをかじるシーンがあって、必死にがぶがぶかじって演技してたら「下品だぞ」と不評で（笑）がっかりした記憶が……。

——六七年の石坂洋次郎原作、須川栄三監督『颱風《たいふう》とざくろ』では「菱見百合子」でクレジットされていますが、そのいわれについては後でふれるとして、この作品では『ウルトラマン』の科学特捜隊のフジアキコ隊員こと桜井浩子さんと共演されています。

そうですね。出番はテニスやシャワールームのシーンくらいで、撮影は二日か三日くらいだったかな。この頃は一カ月のお給料が八千円から一万五千円になって、出演料は別途三万円。『颱風とざくろ』はシャワーシーンがあるからと言って、七万円も貰ったの。まだ映画のいい時代の名残りがあったのね。黒沢年男さんも頭を坊主にしたら、しばらくは役柄が限定されてしまうからという理由でたくさん「剃髪料」が出たって言ってましたよ。

——シャワーシーンと言ってもお上品なものでしたが。

でも当時の感覚では、あれはちょっと大胆な場面だったので、撮影も監督とカメラ、照明以外はシャットアウトでしたね。ところがあの場面でちょっとポロッとバストが見えてしまっているNGカットのネガが、どういう経路だったのやら、とあるスナックに流れてて、たまたま飲みに行った私が見つけたの（笑）。

——桜井さんの印象はどんな感じでした？

当時は東宝撮影所のサロンの上が俳優さんの控室で、私は桜井さんと一緒の五、六人くらいが入る部屋にいました。でも私は緊張しちゃって桜井さんとは話さなかったなあ。桜井さんは、年齢こそ一年と三カ月くらいしか違わないんですが、学年は二年違うのね。そして、そのことよりも東宝入社が私より四、五年早いというのは大きかった。だから後輩としては、もう近寄り難い存在でした。ただ桜井さんから聞いた後日談として面白かったのは、あの映画に出てたあるスター女優さんが、スタッフに私のことを指して「あの子なんて言うの？　ちょっとバストが大きいから、シャワーシーンでは距離離してほしいんだけど」って注文つけてたって言うの（笑）。

＊

新スター候補生としてスカウトされた菱見だが、このようにほとんどの観客が記憶していないであろう端役が続いた。そんな中では『颱風とざくろ』もシャワールームのお色気シーンがいくぶん目立ったぐらいであった（そこには既に後にセクシーさばかりを買われるようになる女優の片鱗があるが）。

一九五八年には約一一億二七四五万人だった映画の観客動員数は、五年後の六三年にはなんと半減、七〇年にはさらにまた半減して約二億五〇〇〇万人にまで落ち込んだので、菱見地谷子が映画に出始めた時分はちょうど動員数がピーク時の半分から四分の一へと推移しつつある絶望的な過程にあった。

そしてこの映画の凋落に伴う製作本数の削減や製作規模の縮小とは対照的に、新興のテレビの放映枠を埋めるためのコンテンツは需要がいや増すばかりであったが、当初テレビを強大な商売敵とは見做《みな》していなかった邦画各社もやがて「五社協定」を敷いてテレビへの協力を拒否するようになったため、ドラマの制作機能を持たないテレビ局は仕方なくアメリカのテレビ映画（ＶＴＲ機器が発達する前の、主として一六ミリフィルムを用いたテレビ用の映画作品）を安く買って放映した。六〇年代後半あたりまでのわが国のテレビ視聴者の記憶が、西部劇やコメディ、サスペンス、ＳＦなどの膨大なアメリカ製テレビ映画群によって占められているのは、そんな理由からである。

しかし、五八年あたりを境に、東映が東映テレビプロ、大映がテレビ室（後の大映テレビ）を設立、六〇年に倒産した新東宝もテレビ映画制作を主に請け負う国際放映として再スタートするなど、邦画各社もテレビの脅威に目覚め、ようやく共存への途を志すようになった。東宝では五七年九月に新設したテレビ制作室が五九年にはテレビ部となり、劇場用映画ではなかなか目立つチャンスに恵まれなかった菱見地谷子は、テレビ映画のレギュラーに抜擢され、以後映画よりテレビドラマに活躍の場を転ずることになる。

テレビドラマのレギュラーと「菱見百合子」

――『颱風とざくろ』は六七年九月の公開ですが、この年の四月からフジテレビで放映された連続ドラマ『天下の青年』では、初めて本格的なテレビのレギュラーを経験されましたね。

これは原田芳雄さんのデビュー作。講道館で柔術をならった若い教師が岡山の中学にやってくるという「坊っちゃん」みたいな話。沢井桂子さんがマドンナ役で、原田さんが下宿している車屋の親父が柳谷寛さんで、その娘が私。原田さんに憧れてて、けっこうやきもち焼いたりする役でした。テレビ映画なのにけっこういろいろな人が出ていて、富士真奈美（現・冨士眞奈美）さんやズビズバーの左卜全《ぼくぜん》さんも出演。杉江敏男監督と福田純監督がローテーションで演出して、国際放映のスタジオをベースによく川越なんかにもロケに行きました。

――一九二三年生まれの福田純監督は、戦後間もなく東宝に入って邦画の絶頂期に監督昇進、「若大将」シリーズや「ゴジラ」シリーズを担ってきた典型的な東宝の娯楽職人であっ

『天下の青年』記念写真。中央が原田芳雄、左が杉江敏男監督、菱見百合子、左卜全。

たわけですが、こんな劇場用作品で売れっ子の監督でさえ、六五年からはテレビ映画を兼務しはじめることになっていたわけですね。たとえば福田監督とはうまく行きましたか。

それが、福田純監督にはこっぴどく叱られたんです。長ゼリフがあったんですが、まさかワンカットで撮るとは思わず覚えきれなくて。岡山の話だから方言で覚えにくいんです。〝そが〜なバカな話があってもええモンかいのぉ、先生〟と、四十数年経ってもトラウマのように記憶してます。先生というのは、原田芳雄さんのことですね。確か撮影を午後か翌日に延ばしてもらって、一所懸命覚えた。ところが、七二年の映画『地球攻撃命令　ゴジラ対ガイガン』の時におそるおそる福田純監督と再会したら、その時は全然怖くなかった。でも『天下の青年』の頃の福田純監督はずっとおっかなかったな。逆に杉江監督は優しくて、私のことを菱見じゃなくて「シジミー！　シジミー！」って呼ぶの（笑）。

——このドラマを機に、ようやく「菱見百合子」の芸名がつきましたね。

さすがに本名の「地谷子」は硬すぎるということで、柴山さんというテレビ部の重役が「百合子」という名前をつけてくれたんです。以後、七二年に東宝を辞めてフリーになるまでは、「菱見百合子」です。

——『天下の青年』のテレビでの人気はどうだったんですか。

反響は今ひとつで、二クールやる予定が一クールでポシャッた。原田芳雄さんも後々にはワイルドでニヒルなイメージで売れたけど、この時の純朴な役柄はあまり個性的ではなくてうけなかった。でも、これがまた樋口さんの言う「流され人生」のひとつのポイントで、もしこの番組が好評で六七年の夏以降も続いていたら、『ウルトラセブン』には出られなかったのよね。

——『ウルトラセブン』はその年の一〇月からスタートするので、『天下の青年』が好評で

テレビ映画『天下の青年』で初レギュラーをつとめる。

四国の大歩危・小歩危でのアマチュア撮影会に赴く船上で。左から中川さかゆ（後の中川梨絵）、一人おいて菱見、桂木美加、那須ますみ。

当初予定通り夏にも撮影していたら、かけもちは無理だったというわけですね。

そうなんです。しかもすごい偶然なんですが、『天下の青年』の男子学生役には「セブン」のモロボシ・ダンを演る森次浩司（現・森次晃嗣）さんもいたんです。もっとも森次さんは何人かの学生の一人だったから、うまくやれば「セブン」にも出られたかもしれないけれど、私の場合はどうしても主役のそばにいる役だから出番が多くて無理だったでしょうね。

――ところでこうしてひし美さんにテレビのレギュラーが入ったりすると、ご両親の反応などはどうだったんですか。

中学の頃からテレビは買ってあったの

テレビ映画「天下の青年」の頃。キャスト揃って車で千葉の海に出かける。

（撮影＝原田芳雄）

で見られないこともなかったんでしょうが、家族は応援もしないし何もしない。後で脱いだ時は母に「買い物にも行けない」って言われましたけれど、とにかくふだんは何も言いませんでしたね。そういえば、私はテレビのレギュラーが入っていたのであまりやっていませんでしたけど、当時の撮影所の女優さんたちは地方の東宝の劇場の落成式などに行ったりする仕事があったんですよ。私も岡山の劇場が出来た時には中山麻里さんと行ったんですけど、一緒に行った東宝の大プロデューサーだった藤本眞《さね》澄《ずみ》さんが私に〝こんなに酒が飲める女優が東宝にいたんだ〟(笑)って喜ばれて、楽しく乾杯しました。

――東宝の社内報「宝苑」にはよく地方の館主さんたちと女優さんの懇親会や豆まきイベントの写真が載っていますよね。しかし当時のひし美さんは、大きく傾いてきた劇場用映画ではなく、テレビ映画のほうで引く手あまたになっておられたわけですね。

小林夕岐子さんなんかよく呼ばれていたかもしれないな。でも、私はそういう地方でおいしいものやお酒を頂ける仕事にはそれほど行けなかった。若原啓子さんはお着物も似合うので、海外からスターが来たら振袖着て花束を渡す役をよくなさってた。いわゆる「花束女優」と呼ばれた役回りですね。

1967年ごろ

＊

こうして「ひし美ゆり子」のベースである「菱見百合子」という初の芸名が生まれたのも、映画ではなくテレビの仕事においてのことであった。それにしても、この菱見百合子初のレギュラーであったテレビ映画『天下の青年』がもし好調で放送打ち切りにならなかったら、スケジュールの関係上、菱見は彼女の名を一躍世に知らしめた『ウルトラセブン』のアンヌ隊員という役にはめぐりあえなかったであろうし、これがデビュー作、しかも主役であった原田芳雄も朴訥《ぼくとつ》とした好青年という役柄が先行して、やがて七〇年代の彼のトレードマークとなるニヒルさを打ち出しにくくなっていたかもしれない。実際、私が原田芳雄とその俳優人生について長い対話をした際も、デビュー作であるはずの『天下の青年』に特に言及されることはなかった。

とまれ、菱見百合子は映画からテレビへと映像メディアの変動に虚心に身をゆだねながら、ごく偶然な流れで生涯の代表作『ウルトラセブン』に出会うことになる。

第二章——

百合子

テレビ映画のヒロインとして

ピンチヒッターでアンヌ隊員になる

劇場用映画の端役《はやく》をこなしていた菱見地谷子は、ようやくテレビ映画『天下の青年』で目立つ役にありついて、遅まきながら菱見百合子という芸名も決まった。この「菱見百合子」時代が、実は彼女の女優人生のなかで最も鮮やかなイメージとともに視聴者に記憶されていることだろう。なぜなら、彼女がテレビ映画『ウルトラセブン』で宇宙からの侵略者と戦うウルトラ警備隊の紅一点・友里アンヌ隊員に扮したのが、まさにこの「菱見百合子」時代だったからである。

当時、『ウルトラセブン』の最も熱心な視聴者だった子どもの私たちは、あのサイケデリックなタイトルバックに現れる「菱見百合子」の文字は少し難しくて読めなかったかもしれないが、アンヌ隊員の溌剌とした、そしてえもいわれずキュートな色香を感じさせるイメージは、『ウルトラセブン』のハイブロウな文明批判に貫かれた物語の面白さとともに、きわめて鮮烈に子ども心を射抜いた。

だが、こうして年齢を重ねても『ウルトラセブン』とアンヌ隊員にまつわる思い入れ深まるばかりのファンの熱さとは対照的に、当の菱見百合子がこの当たり役にめぐりあった経緯もごくごく偶然のことであり、彼女は流れにまかせて淡々と、既に『ウルトラセブン』制作が始まっていた円谷プロダクションに赴いたのであった。

＊

——ひし美さんがアンヌ隊員を演ずることになったのも、偶然の産物ですね。

そう。『ウルトラセブン』のアンヌ隊員役は、東宝で私より四歳上の豊浦美子さんが演ずるはずだったのに、坪島孝監督の『クレージーの怪盗ジバコ』という映画にどうしても豊浦さんが欲しいと言われて急遽ピンチヒッターが必要となったんです。急なことだけど円谷プロも東宝から言われてはどうしようもなかったんでしょうね。でもとにかく東宝から俳優を一人出すという約束があったから、私が行くことになったんですね。

——それはひし美さんにとっても青天の霹靂《へきれき》だったわけですが、東宝からはどんなふうに言われたのですか。

ついこの前のことみたいだけど、そ

週刊誌（'66年末）の表紙も飾る。

の日は昭和四二年の七月一四日。前日に東宝の演技課の吉竹さんから「明日、面接があるから円谷プロに行ってください」って言われて。国際放映の中をオレンジの隊員服を着た黒部進さんが歩いている姿はお見かけしていましたけれど、それまで円谷プロというものを知らなかったんです（笑）。面接といっても、他の候補はいなかったでしょうね。東宝は、もうよほどだめだったら他のタマを出すという感じだったでしょう。

——円谷プロに行ったら、どんなことが待っていたのでしょう。

お天気のいい日で、明るいオレンジのワンピに薄いオレンジの帽子で張り切って出かけました。閑静な住宅街の中に大きいウルトラマンの像が立っていたので、すぐ場所はわかりました。演技課の新野（悟）さんというとても爽やかな方が迎えて下さって、私が『ウルトラマン』を観たことがないというので試写室に通されて一本見せてもらいました。壁に毎週の視聴率を示す棒グラフが貼り出されていたけれど、まだ若い私にはそれがテレビのお仕事の大変さを表すものだとは判らなかったな。

——試写室で初めて『ウルトラマン』をご覧になった時のご感想は？

新野さんに番組のプロデューサーの末安昌美さんを紹介して頂いて、二人だけで観ることになったから、失礼があっちゃいけないと自分の咳払いや息遣いが気になって、なんだか作品に集中できなくて（笑）。それに、こんな番組づくりに自分がかかわるという意識ではなくて、普通の観客みたいな気分で観てしまった。だってカラーテレビもまだ珍しい時代でしたからね。

――試写が終わると、どんな展開に？

急に新野さんが入って来て「どうですか？」と聞かれちゃったものですから、普通の映画を観るようにボーッと観ていた私は、頭の中は真っ白で「はい、面白かったです」というのがせいいっぱいだった。ただ、自分は地味で個性に乏しいタイプだと思っていたので、あの派手なオレンジのコスチュームが着られたら嬉しいなとは思ってました。その後、写真を撮りますからと円谷プロのそばの空き地に案内されて、カメラマンの方、レフ板持った助手さんと三人で、かれこれ二、三十分は撮影したのかな。ヒメジョオンや雑草が茂った空き地で撮ったワンピの写真がそれですね。

――あの写真は、カメラテストのものだったわけですね。しかし、このひし美さんは初めての場所で緊張なさっていた割りには、とてもフォトジェニックですね。

東宝の若手のスチールマンの勉強会によく呼ばれて、モデルを引き受けていたから、写真を撮られるのはけっこう慣れていたんです。今もって元スチールマンの方から、〝チャコはよくモデルをやってくれたから助かったよ〟って言われますもの。あのカ

円谷プロを初めて訪れた時のカメラテスト。

メラテストの写真は割合かわいく撮れていたからラッキーだったかもしれません（笑）。

――その空き地でのカメラテストをやっていたところへ、「セブン」で大人気を博した劇用車ポインターがダンを乗せて走って来たそうですね！

ええ！　ポインターを見た瞬間はカルチャーショックと言うのか、本当にびっくりしました。ポインターはなんでもクライスラーの中古を破格の五万円で仕入れてきて改造したものだそうですが……。その重そうなドアを開けて中から出て来たのが、つい一カ月くらい前まで国際放映で『天下の青年』の仕事を一緒にしていた森次（晃嗣）さんで〝今日が撮影の初日だったんだよ〟と言うじゃないですか。しかも「セブン」の主役を探していた新野さんは、森次さんを見に『天下の青年』の現場も何度か見に来ていたそうなんです。そこに私がいたことなんか気づかずにね（笑）。

――この時点では、ひし美さんは急遽降板した豊浦美子さんのピンチヒッターだとは聞かされていなかったんですか。

そうなんです。だから、森次さんから撮影は始まってるよと聞かされても〝ふ〜ん〟という感じでしたね。私服のワンピ姿のままでポインターと十何カットぐらいか写真を撮って、その後〝隊員服に着替えてきてください〟と言われました。

――あの隊員服を着て、どういう感想を持ちましたか。

『ウルトラマン』の科学特捜隊のオレンジのユニフォームは、みんな着るのが恥ずかしかったという話がありますが、私は顔が地味だからああいう明るいユニフォームのほうが映えるなと思ったんですけどね。そんなことを考えながら、「セブン」のグレーの隊員服に手を通していたんです。パンツの方はぴったりだったんですが、上着のファスナーを上げる時が物凄くきつかった。というのも、バストのあたりに六、七センチ幅の太いゴムが付いていまして、そのおかげで胸が押しつぶされそうにきついんです。

――あの隊員服のアンヌは凄くトランジスタグラマーで、われわれ子どもの視聴者はドキドキしたものですが、それには悲痛ないわくがあったわけですね（笑）。

ええ。アンヌの隊員服は、そもそも豊浦美子さん用に作ってあったから、私には胸のあたりが窮屈だったんです（笑）。それで、後でこっそり脇の下の黒いジャバラのところを切って隙間を作ったりしました（笑）。続いてベルトと靴、ヘルメットと銃も届いて、皆が待ち構えているポインターの前に、恥ずかしさをこらえてフル装備で立ったんです。その時は関係者の数も増えて十人くらいにはなっていたかな。まずお待たせしていたダンこと森次さんとのツーショット、続いて私単独のショットを撮っ

67年ごろ。井の頭公園にて。

て終了でした。

――撮影も開始されているわけですから、友里アンヌ役に採用の知らせは大急ぎで来たのでしょうね。

ええ、翌日には新野さんが何度も合格の電話を下さったのに、私ったら前日の面接のことも忘れて友人の誕生祝いに出たっきりで（笑）。ついに新野さんがわざわざまだ「レッドマン」という題だった脚本を家まで届けてくださって、母からさんざん叱られました。明くる日、また新野さんからお電話で、友里アンヌ役に決定したので明日メディカル・センターの場面から撮ります、という連絡がありました。第三話「湖のひみつ」でソガ隊員の阿知波《あちは》信介さんとメディカルセンターにいる、白衣のドクタースタイルの場面の撮影となったんです。あれが、私の初日だった。

『ウルトラセブン』のキャストたち

菱見百合子のアンヌ隊員が生まれたのも、まだテレビ映画に対して映画を〝本篇〟と呼んで別格扱いしていた六〇年代、衰退のただ中にありつつ映画が往時の威光にすがって体面を保っていた時代ゆえの、いかにも当時のテレビと映画の関係性を映した出来事であった。今ならさしずめ連続テレビドラマを優先したい芸能事務所がタレントを手間のかかる映画の現場から引っぺがすような事態すらあり得ることだろう。だが、この当時はなにより「本篇」＝劇場用映画が優位にあり、その監督の意向とあらば、撮影が始まりつつあるテレビ映画の現場からさえ女優がもぎ取られてしまったわけである。

だが、菱見百合子は格別の構えもなく、養成所の一期先輩である豊浦美子のピンチヒッターとして東宝から円谷プロへ出向くように言われて、真夏の現場を訪れたのであった。ちなみに豊浦美子もくだんの『クレージーの怪盗ジバコ』のほか、同じく坪島孝監督の『クレージー黄金作戦』『クレージーメキシコ大作戦』などの劇場用映画に出演していたが、人気を集めたのはテレビ映画『青春とはなんだ』の女子高生役（同じく女生徒役で評判だったのが後にテレビ映画『サインはV』の主役をつとめる岡田可愛）であり、タレントの人気をつくる中心はいよいよテレビの側に移りつつあった。

ちなみに菱見百合子が円谷プロの門をくぐった時、まだ社名は「円谷特技プロダクション」であった。そもそも特撮のパイオニア・円谷英二は、太平洋戦争中に『ハワイ・マレー沖海戦』などの戦意高揚映画で当時としては驚異的な迫真性をもった特殊撮影の技術を発揮、戦後は軍部に協力したかどで公職追放となって一時東宝を去り、追放解除後には改めて東宝特撮映画の黄金期を築いた。そして、六四年に東宝の資本参加のもと「円谷特技プロダクション」を設立し、東宝砧撮影所の衣装倉庫であった場所が社屋となった（二〇〇五年の円谷プロの八幡山移転まで、このいささか古ぼけた町工場のような社屋が夢の工房となった）。

こうしてもともと戦前からゆかりが深い東宝との結びつきのなかで、円谷英二はテレビ時代に向けて特撮をふんだんに使ったテレビ映画を構想し、その第一弾がTBSの日曜夜七時からの武田薬品工業提供の三〇分枠、通称タケダ・アワーで放映された『ウルトラQ』であり、その好評を受けて制作された本邦初の巨大ヒーロー物が『ウルトラマン』なのであった（この「ウルトラ」シリーズ誕生の経緯は拙著『テレビヒーローの創造』に詳述）。

そして、高価なオプチカル・プリンターを輸入してまで円谷英二がこだわったこの特撮テレビ映画は、テレビ局のTBSにとっても一大プロジェクトであった。TBSは六三年に局主導のテレビ映画制作を期して映画制作課を創設し、六六年の『ウルトラQ』には円谷一・飯島敏宏・中川晴之助といったTBSの敏腕ディレクターたちが円谷特技プロに出向して演出に携わった。その一方で円谷特技プロの主要株主であった東宝からも、黒澤明『蜘蛛巣城』『隠し砦の三悪人』のチーフ助監督だった野長瀬《のながせ》三摩地《さまじ》、本多猪四郎『ゴジラ』『ガス人間才一号』など名だたる東宝特撮映画の監督助手だった梶田興治といったスタッフが監督として加わった。

続く同年の『ウルトラマン』ではこうしたメンバーに加えて、演出の異色さで仕事を干されていたTBSの実相寺昭雄、円谷プロ生え抜きの満田稔《かずほ》といった意欲的な新鋭が活躍の場を拡げ、六七年に一時東映制作の『キャプテンウルトラ』にタケダアワーを譲っているうちに制作を進めた『ウルトラセブン』は、まさにここまでに蓄積された人材と経験が新たな作品世界に跳躍した感があった。

＊

――「セブン」の現場には東宝でなじみのスタッフやキャストはいなかったのですか。

ええ、全部初めてのスタッフで、監督も実相寺（昭雄）さんや飯島（敏宏）さんのようにテレビの方が多かった。野長瀬（三摩地）監督みたいに東宝で黒澤明作品の助監督をなさってた方もいましたけどね。キャストも『天下の青年』で一緒だった森次浩司さんを除けば、キリヤマ隊長がベテランの中山昭二さん、フルハシ隊員が『ウルトラマン』から続投の蝮《まむし》さん（現・毒蝮三太夫、当時・石井伊吉《いよし》）、ソガ隊員が阿知波信介さん、アマギ隊員がウルトラマンのスーツの中に入っていた古谷敏さん……と、みなさん初対面でした。とにかく顔合わせもなく、私はいきなり現場に投入されましたから、ずっと隅で小さくなっていまして、慣れるのにとても時間がかかりました。蝮さんなんか、最初は凄く怖くて（笑）。そういえば、ダンや隊長は毎回目立ってるけど、ソガやアマギは脇にまわりがちなので、やる気満々の阿知波さんはけっこうボヤいてたかな。古谷さんは当時から控え目な方だったけど、阿知波さんはリキ入ってた。私なんかは泣くシーンでは泣けないし、下手さをどうにかするためにリキ入ってましたが（笑）。

——中ではキリヤマ隊長の中山昭二さんは、ダンサーとして越路吹雪の相手役だったところをジョセフ・フォン・スタンバーグ監督に発見されて日米合作映画『アナタハン』で映画デビューされ、その後は新東宝映画などで活躍されたベテランでしたが、ひし美さんから見てどんな印象でしたか。

中山昭二さんはとてもお優しい方で、いろいろ美味しいものを食べに連れて行ってくださいました。もともと映画のスターでダンスもお上手だから「ウルトラ警備隊西へ」に出て来た外国人女優のリンダ・ハーディスティーさんと二人で素敵にダンスされてたのをよく覚えてます。キリヤマ隊長は役の上では三八歳でしたが、ご本人は昭和三年生まれの三九歳だったんですね。とてもそんな若さとは思えない風格で、よくファンの方が「僕はこんなに子どもっぽいのにキリヤマ隊長の年齢を超えちゃった～」と嘆いているのを聞きますね（笑）。

——中山昭二さんは惜しくも九八年に七〇歳で亡くなられましたが、このキリヤマ隊長を筆頭として、代貸し的な存在は『ウルトラマン』の科学特捜隊のアラシ隊員から唯一スピンオフで屈強なフルハシ隊員に扮した石井伊吉さんですね。まあ私たちにとっては改名後の毒

蝮三太夫という名前のほうがなじみ深いですけれども。

やっぱり「セブン」の現場に行ってみて、蝮（石井伊吉）さんに嫌われたらまずいなって感じはしましたね。蝮さんはシリーズ経験者だから、よく判ってらっしゃるし。一見怖そうな印象だったけど、懐に飛び込んだら優しい方で。蝮さんとは面白い思い出があるの。「セブン」の撮影の帰りに渋谷の道玄坂の東宝に寄ってカトリーヌ・ドヌーヴの『昼顔』と『シェルブールの雨傘』の二本立てを観たの。

――それは豪華なドヌーブ主演二本立てですね。『昼顔』がちょうどロードショー公開時ですから、援護射撃で人気のあった旧作の『シェルブールの雨傘』をくっつけたんでしょうね。

そうそう。『昼顔』は封切られたばかりだった。で、『シェルブールの雨傘』を先に上映したんだけど、蝮さんはすぐに退屈して寝ちゃったの。ところが『昼顔』が始まると真剣に観てて、終わった後に「最初のはつまんねえや！　やっぱり女優が違うと映画も違うねえ！」だって（笑）。

――それはまた傑作ですね（笑）！

でもまじめな話、女優って演じ方、撮られ方で全然違うのよね。『昼顔』と『シェルブールの雨傘』だって、そんなに年代的に違う映画でもないんだから。そんな勉強にもなるんだけど、私はあんまり映画好きじゃないから、誰かに誘われたら行くぐらいよね。でも、蝮さんは時間の使い方がうまいから、撮影の後にちょっと時間が空いたらすぐ話題の映画を観に行ったりしてたわね。

――フルハシ隊員の下の男性隊員たちの中でいちばん若かったのはダンだったのですか。

ええ、みんなダンが一番若いと思っていたようですが、実は森次さんはアマギ隊員の古谷敏さんと同じ一九四三年生まれ。しかも森次さんが三月生まれで古谷さんは七月だから、本当はアマギ隊員が最年少だったんです。

――古谷敏さんは自伝『ウルトラマンになった男』で、東宝の大部屋俳優から『ウルトラマン』のスーツアクターになって、ウルトラマン自身に扮しているとはいえ顔出しもなく、極限的に苛酷な撮影に耐えたご褒美として、晴れて「セブン」ではアマギ隊員役に抜擢されたと回想されています。アマギ隊員はどちらかといえば静かで地味な存在でしたが、この隊員役に寄せる思いはひときわ強かったのでしょうね。

古谷さんは「セブン」を最後の花道にして俳優業をたたんで、デパートの屋上などでヒーローショーをやる催事会社を経営されて、順風満帆だったんですよね。それが、昭和天皇が崩御されたあおりで、一年前から決まっていた全国のデパートやスーパーの催事の仕事が全部キャンセルされて会社が一気に傾いた。どこもイベント自粛になってしまって……。別に社長が贅沢して会社をつぶしたのではなく、時代の波に呑まれたわけなので、本当に同情しますよね。でも、ご苦労なさって、その後ようやく再会できた古谷さんは以前とまるで変わりなくて安心しました。

――古谷さんは大変なご苦労をされたのに未だ紳士的でスマートで。あれはお人柄ですね。一方のソガ隊員こと阿知波信介さんは、芸能プロダクションを経営、多岐川裕美さんと結婚されて今は女優となった多岐川華子さんというお嬢さんももうけられましたが離婚。二〇〇七年に突然、鹿児島県霧島市の滝で自殺されてしまいました。

阿知波さんは、古谷さんとは対照的にお抱え運転手をつけて、羽振りのいい方でしたね。でも、阿知波さんが自殺された鹿児島は『ウルトラセブン』が放映されていた当時、はじめて番組のイベントが催されて隊員役のみんなで訪れた思い出の場所なんですよ。だから、阿知波さんの中にもしかすると「セブン」の時代の懐かしい、よい記憶が最後まであったんじゃないのかな。

＊

『ウルトラセブン』のレギュラーであるウルトラ警備隊のキャストたちは、テレビ時代の申し子というべき菱見百合子のほかにも、時代の趨勢を感じさせる顔ぶれだった。

戦後、バレエダンサーとして活躍するうちにジョセフ・フォン・スタンバーグ監督に見出されて話題の映画『アナタハン』に出演、以後は新東宝の専属スターとして人気を集め、東映移籍後もニュー東映系のさまざまなジャンルの作品に顔を出していた中山昭二だが、この六〇年代後半にあって活動の場はテレビに移り、照れ臭い隊員服を着て子ども番組で奮闘することとなる。もっともそういう役柄を疎《うと》んじることなく、勇壮な好漢ぶりみなぎるキリヤマ隊長役を真摯に演じた中山昭二は小さな視聴者たちの敬愛の対象であったことだろう。

同様にアマギ隊員役の古谷敏は、菱見に先立ち東宝のニューフェースとして入社、六二年の福田純監督の映画『吼えろ脱獄囚』では名前のある役がついたものの、ほとんどはクレジットされない仕出し的な出演が多かった。本多猪四郎監督『モスラ』、古澤憲吾監督『ニッポン無責任時代』、黒澤明監督『天国と地獄』などにも、記者や駅員といった小さな役で古谷の顔を見出すことができる。その後、颯爽《さっそう》とした長身の体軀《たいく》を買われてウルトラマンのスーツアクターという極めて特殊なオファーが来た後、その顔の見えない大役をこなした労をねぎらって『ウルトラセブン』のアマギ隊員役で顔出しかなった……というのは麗しい逸話なれど、古谷がウルトラマンのスーツの中で粉骨砕身の演技に打ち込んでいる間に、東宝撮影所では大部屋の俳優たちも抱えられなくなってきており、古谷がテレビの仕事に辟易《へきえき》して巣に帰りたくてももはや居場所はなかったという。

菱見百合子自身は映画もテレビも関係なく、天真爛漫にお呼びのかかる現場を飛び歩いていたわけだが、こうしてかつてのスターであれ大部屋俳優であれ、華やかなりし頃の撮影所の映画づくりを経験してきた世代には、この子供向けテレビ映画に関わるうえではさまざまな思いがあったことだろう。

『ウルトラセブン』の世界を創ったアーティスト

――さて、隊員ごとにさまざまな運命をたどったウルトラ警備隊ですが、アンヌ隊員としてのスタート時期に話を戻しましょう。「セブン」の撮影は主にどちらで行われたのですか。

井の頭線で吉祥寺から下北沢、小田急線に乗り換えて成城学園前、さらにタクシーで東宝撮影所を通過して数分のところに東宝の東京美術センター、通称「美セン」があって、そこで撮影していました。

――「美セン」こと東京美術センターは、後の東宝ビルトですね。東宝撮影所の傍系のスタジオで、大道具を製作する部署でもありました。円谷プロと東宝の資本関係から、このスタジオが提供されていたわけですが、こうして「ウルトラ」シリーズを生んだスタジオとして特撮のメッカのように言われるようになりました。もっともここは、円谷プロの社屋が町工場のようだったのと同様に、なんとも古ぼけた撮影所でしたが（笑）。

そうですね（笑）。「美セン」にはメディカル・センターと作戦室のレギュラーセットがあって、特撮のセット撮影もここで行われていたんですね。セットにはクーラーが無いから、この真夏の撮影は大変で、ワンカット撮るたびに外に出る感じでした。「美セン」の奥の小高いところからは遠くに東名高速の工事現場が見えた……そんな時代ですね。私の最初の撮影は六七年七月一七日の朝九時からメディカル・センター、次は作戦室の場面だったのですが、早起きして七時には「美セン」に着いちゃった。するとメイクと呼ばれる女性が二階の「美粧室」という木の札がかかる部屋を開けてくれたんです。

――アンヌのヘアスタイルやメイクはどうやって決めたんですか。

当時は一応メイクさんはいるんだけど、ハイこれでってドーランと粉の入ったパフ入れを渡されて、自分でメイクするんです（笑）。髪型も彼女がしばらくあれこれ試した後で、えいやっとアップにしちゃったんですよ（笑）。

――しかもこのアップの髪型は不評につき、すぐに撤回されますね（笑）。

この時は野長瀬三摩地監督の第三話「湖のひみつ」の撮影だったわけですが、午前中は髪はアップで撮影したんですが、午後から現場に顔を出した満田穧監督に「SFなのに都はるみみたいだなあ」と大不評で、おろすことにしたんです。でも制作条件の厳しい現場だから午前の撮影分を撮り直すことはしないで、しかたがないからアンヌが髪型を直している場面を付けたんですね（笑）。だからよく見ると髪型がつながってないんですよ。つながってないといえば、スクリプターに関根（ヨシ子）ちゃんといういい人がいて、満田さんが〝ここはアンヌは手袋してたっけ？〟と聞くと、東北訛りで〝あ〜手袋ステテ、ステテ〟と言うから理解できなくて困ってたっけ（笑）。

東宝撮影所でのポートレート。

――しかし女優さんがメイクまでやらないといけないのは大変です。

初日の帰り際にスタッフと駅までの遠い道のりを一緒に歩いたんですが、照明技師の新井盛さんが〝なんだ、すっぴんの方がきれいじゃないか〟って言うんですよ（笑）。それだけお化粧が下手だったわけで、困りましたね。

――今でこそメイクにとどまらず撮影や照明、美術にまで女性スタッフが進出していますが、そもそも当時の現場は女性スタッフが少なかったのですよね。

そうですね。当時は私とメイクとスクリプターの三人しか女性スタッフはいないから、ロケに行ったりしたら旅館の小さな部屋に三人で寝泊まり（笑）。ただゲストは違うので、第一四・一五話「ウルトラ警備隊西へ」で神戸に行った時は科学者ドロシー役のリンダ・ハーディスティーさんが一人で大きな部屋にいた。満田さんが彼女に日本語教えてあげてって言うから、彼女の部屋で教えてあげてたら「ここは広いから、ここで寝て行きなさい」ってすすめられて、お言葉に甘えたら仲居さんがカンカンで、ここに寝るなら増額だって（笑）。

――女性も余りおらず、猛者《もさ》の男性スタッフにまじっていて苛酷な目にあったことはありませんか。

私自身というよりも、たとえば第二話「緑の恐怖」のメディカルセンターにワイアール星人が現れる場面を深夜までセットで撮影していた時に、突然ワイアール星人に扮している俳優が酸欠か何かで気を失って倒れたんですよ。これにはスタッフも大騒ぎになりました。スーツアクターというのは慣れない人がやると無理なんですよね。

ウルトラセブンのスーツアクターだった上西弘次氏と。

いやあ特撮というのは本当に大変だなあと思いました。当時のセットはクーラーもなく、ものすごく暑い状態だったので、私たち警備隊員もワンカット撮り終えるごとに外で涼んでいました。暑い盛りの外の気温よりもセット内の温度が蒸し風呂のように高くなって。そんな中で着ぐるみの演技をする人にとってはもう地獄だったんでしょうね。それに比べれば私なんか、アンヌがただワイアール星人にパラライザーという麻酔銃を撃つシーンですら、余りにもその銃が重くて手が震えて撮れなかった始末で（笑）。その手のアップは、助監督だった本多隆司さんに手袋をして代わってもらいました。本多さんは、『ゴジラ』の本多猪四郎監督の息子さんですね。

――『ウルトラセブン』はどのくらいの期間で一

本作っていたんですか。

二本持ちで半月、ということは一本あたり一週間。セットだと九時開始だけど、ロケだと七時くらいに出発したり。定時に終わると飲みね（笑）。本篇部分は一回につき正味一六、七分、後は特撮部分だから、これを二班で分担して作ってた。でも、本篇は一六、七分を一週間だから、そこそこ粘って撮れないこともなかったですね。満田監督なんかは、私とダンは新人だから、他の俳優さんに迷惑がかからないようにって先に呼んでリハーサルしてくれました。

――アンヌは隊員服を着ていない時の衣装もチャーミングですね。

第四二話「ノンマルトの使者」の時はザ・タイガースのトレーナー。これは衣裳さんから来たもの。若者たちが海にいるって設定だったから、当時はやっていたタイガースなのかな。グループサウンズといえば、私はジュリーじゃなくてショーケン派だったから、当時銀座のレコード店のＤＪブースみたいなところにショーケンがいるのを見てビクッとした（笑）。

――ひし美さんは特撮班のスタッフにもかわいがられたとか。

私、なつく人には凄くなつくんですよ。高野宏一さんや（円谷）粲《あきら》さん、田口成光さんとか、特技の人にはけっこう優しくされて。どうも本篇の人には緊張しちゃうの

（笑）。「美セン」で粲さんや田口さんが『ウルトラセブン』という字が出てくるトップのタイトルを作ってたから手伝ったりしたな。

――あの余りにも有名なトップタイトルをアンヌ隊員もスタッフと一緒に作っていたなんて！（笑）

粲さんや田口さんは特撮の助監督だったから、いつも海水パンツに汗ふきタオルというでたちでしたけど、その二人がベアリングに赤や黄色や黒の塗装をやっているから、〝何してるの？〟って聞いたら〝タイトルバックを作ってるんだ〟と。だから私も珍しがって、迷惑だったかも知れないけれど色を塗るのを手伝ったんです。

――「セブン」のグレーが基調のユニフォームやセットはとてもクールで大人っぽいと思うのですが、円谷英二監督はあの色調は地味で好まれなかったそうですね。実際、円谷英二監督が特技を手がけた東宝特撮映画に出て来る宇宙服などは常にオレンジなど暖色系が多い。だからウルトラ警備隊よりも科学特捜隊のオレンジの制服が好きだったのでしょうけれども、当時の幼い視聴者の私はだんぜん「セブン」のほうがカッコよく見えました。

そうなの。今にしてみると、あのグレーの隊員服はカッコいいですよね。それに「セブン」はデザイン全般がいいよね。当然物語もいいのだけど、制服やポインターなどのデザインから音楽まで、全ての相乗効果があの世界を作ってると思う。だから、

「セブン」は今も残っているんじゃないですか。

――『ウルトラマン』から『ウルトラセブン』へとヒーローや怪獣の優れたデザインを担っていた成田亨さんとはいかがでしたか。

「美センの入り口を入ると左が守衛室、右が美術さんの作業場で、いつもバイトの美大生がわんさといて塗料の匂いがたちこめてました。成田さんもそこにいて、時どき声をかけてくれました。とても優しい人で、たまに「アンヌ、今度カニ食べに行こう」とか誘ってくださったのに、ある日急にいなくなってしまった。「セブン」は一二、三話ぐらいで成田さんは手を引いたんじゃないですか。あのデザインは凄いのにね。成田さんはあれだけのものをお作りになるから、凄く自信もあるし、それは頑固だったと思いますよ。その後を受けて池ちゃんが特撮美術を引き受けたのかな。

――特撮美術をはじめ、実相寺昭雄監督『無常』『帝都物語』や鈴木清順監督『陽炎座』、寺山修司監督『さらば箱舟』などの映画美術でも活躍される池谷《いけや》仙克《のりよし》さんですね。「セブン」の頃は予算が少なくて、灰皿を二枚重ねてアートな円盤を作ったり大変だったと聞きます。

美センは美大のアルバイトの人たちが出入りしていろいろ造型してたんですけど、そこで「素敵素敵」ってモテてたのが池ちゃん（笑）。池ちゃんとは八〇年のＡＴＧ

映画『海潮音』で最後にご一緒したきりだったんだけど、実相寺さんの遺作『シルバー假面』のイベントで再会しました。今から三年前、その『海潮音』が下北沢の小さな映画館で珍しく上映されるというので、約束して映画館デートしました（笑）。ただ、池ちゃんがチケット売り場で控え目に「シニア二枚」というのがちょっとショックで（笑）。

＊

子ども向けの特撮テレビ映画の現場であるにもかかわらず、「ウルトラ」シリーズ草創期の円谷特技プロダクションは、気鋭の演出家はもとより、野心的な脚本家や美術作家などが集う梁山泊《りょうざんぱく》のようであった。

『ウルトラマン』のウルトラマンのデザインの原型を創ったデザイナーの成田亨は、美術学校時代に本多猪四郎監督『ゴジラ』の現場のアルバイトをしたことをきっかけに、映画の特撮美術に関わるようになるが、彫刻で新制作展にも幾度か入賞しているアーティストであった。『ウルトラQ』以降、円谷特技プロの契約社員としてシリーズに参加している。『ウルトラセブン』でキャラクターからメカニック、セット、小道具の全般についてスタイリッシュな近未来デザインが行き届いているのは、成田亨の貢献によるところが大きい。

当時の茶の間で『ウルトラマン』を観ている時は、デザインも語り口もアメリカンなSF映画のようなポップさが魅力的だったが、たとえば戦闘機のジェットビートルは映画『妖星ゴラス』のデザインの使い回しであったり、車両も普通の車を塗装しただけであったりと、ところどころに息ぎれの跡が見えた。また、好みはあるだろうが、あのオレンジ色の隊員服も、円谷英二の東宝特撮映画に見るSF世界でしばしば見かけたオレンジやイエローの暖色系のカラーの宇宙服の延長なのだろうが、子ども心にはもう少し（戦闘用なのだから！）シックなものでもいいのでは、と思った。そして作り手の成田亭もゆとりなき制作条件のもとでそういう息ぎれと不徹底があったことには忸怩《じくじ》たるものがあったようで、『ウルトラマン』の修羅場を経た『ウルトラセブン』では、セブン自体にはじまり、作戦室、ウルトラホークやポインターなどのメカニック、ユニフォームからビデオシーバーといったおなじみの小道具まで、相当な執着をもってトーンの徹底に目を光らせたらしい。

確かに『ウルトラセブン』がスタートした時は、『ウルトラマン』よりも格段に洗練されたモダンアート的試行の数々にかなり痺《しび》れた。もちろんメカニックの意匠《いしょう》などについては、『サンダーバード』の影響も大きかったとされるが、しかし「セブン」

のメカニック表現はAPフィルム（後の21世紀プロ）の精緻な上にも精緻なマリオネーションに勝るとも劣らぬ、きわめてクールでスタイリッシュなものだった。円谷英二は不機嫌に異を唱えたというが、あのグレーが基調の隊員服もやはりその表現をクールな方向に転がす上で大きなポイントとなっていたように思う。

それにしても、こうして成田亨が構想し、やがて美術監督となる池谷仙克がたゆみなく継承していったこの『ウルトラセブン』のデザイン感覚には、ウルトラ警備隊のモダンで近未来的なデザインに対し、侵略する宇宙人側には縄文アニミズムやアフリカン・アート的な風味があって、この混淆《こんこう》からなる文明批判を含んだデザイン世界は、来たるべき七〇年の日本万国博の太陽の塔やパビリオンの数々にもつながるものを感じさせる。私が、大阪万博の会場に足を踏み入れた瞬間、まるで『ウルトラセブン』の世界が現実化したように思われて、電撃的に感動した記憶がある。

そして実際、制作条件の劣悪さに嫌気がさしたのか、成田亨はひし美ゆり子の言葉を借りれば「セブン」の現場から「ある日急にいなくなって」、その後はまさに大阪万博のシンボル、岡本太郎の代表作である「太陽の塔」の内部にある「生命の樹」をデザインした後、村山三男監督『樺太1945年夏　氷雪の門』（一九七四年。幻の映画と言われたが二〇一〇年リバイバル。成田による相当大がかりな戦争シーンの特撮が見られる）や佐藤純彌監督『新幹線大爆破』（七五年）ですぐれた特撮美術を披露した。

成田は『ウルトラセブン』を筆頭に初期「ウルトラ」シリーズのデザイン全般にわたって多大な貢献をしたが、ウルトラマンのキャラクターデザインにまつわる著作権をめぐって終生円谷プロとは対立が続き（成田が円谷プロの契約社員であったことが権利の所在関係にややこしく働いた）、ついに七二年、自ら興した会社モ・ブルで日本テレビ『突撃！ヒューマン!!』というヒーロー物を手がける。これはアフリカン・アート的な意匠をステンレスを大胆に使った造型で表現し、ウルトラマンに扮した古谷敏が擬斗を担当するという意欲作だったものの、当時の熱狂的な『仮面ライダー』人気に押されて全くヒットしなかった。街のホールでの公開録画で展開するという斬新な内容で、それゆえに映像も残存していないが、とにかくデザインの異色さはよく覚えている。おそらく成田は、「セブン」を途中降板する理由であったに違いないデザインと権利の両面での憤懣《ふんまん》を、この妥協なき『突撃！ヒューマン!!』で一気に吹き飛ばそうと考えていたに違いない。

『ウルトラセブン』の名脚本家たち

――「セブン」はさまざまな気鋭の脚本家を輩出していますが、そういうライターの方とはあまり接点はなかったのですか。たとえば金城哲夫さんや佐々木守さん、上原正三さんは……。

佐々木さんや上原さんとは全くおつきあいなかったですね。ただ金城哲夫さんは満田さんとご一緒の飲み仲間だったから（笑）、私でも気安く話せたんです。金城さんはお書きになるものは繊細だけど、とてもお酒好きで「アンヌ、泡盛飲むか～」なんて誘ってくださる。ちょっとお酒が入ると茶目っ気が出て電柱に登ったりしてましたけれど（笑）、でもそんな飲みの場でいろいろな企画の話をしていたから、それこそなじみの焼き鳥屋さんとかライターさんの定宿の旅館で生まれた作品もあると思いますよ。

――金城さんは、アンヌの代表作に違いない第四二話「ノンマルトの使者」や劇的な最終話「史上最大の侵略」など傑出した作品を何本も書いておられますが、そもそもアンヌ隊員の生みの親は金城さんですよね。『ウルトラマン』の第三二話「果てしなき逆襲」に出演した真理アンヌさんに会った時のイメージがベースだと聞いていますが。

そうなんです。アンヌはフルネームは「友里アンヌ」と言うんですが、これはどう考えても「真理アンヌ」からの連想ですよね。だから、もともと金城さんが抱いていたアンヌのイメージはもっとエキゾチックなものだったのではないでしょうか。でも、キャスティングはプロデューサーの担当だから、こんな私が選ばれて金城さんとしては本当は不本意ではなかったのかなと心配しました。第三四話「蒸発都市」で真理アンヌさんが霊媒師の役でゲスト出演された時は、金城さんどんな気持ちだったのかなあと考えたりもします。

――私も最近、ひし美さん、真理アンヌさんとご一緒した時に、そのいきさつを思い出して、しみじみと想像をめぐらせたりしましたが、しかしもはや友里アンヌはひし美さんそのもので、どう考えても代わりは想像に難い（笑）。ところで、金城さんは沖縄出身なので「ノンマルトの使者」などを米軍問題に絡めて評価する声もあるのですが、ひし美さんはそれには違和感があるそうですね。

だって金城さんは沖縄の話も米軍の話も全くなさらなかったもの。満田穧監督や金城さんを手伝っていた上原正三さんも、皆さんそうおっしゃっていますよね。でも、ついこの前もＮＨＫで金城さんを扱ったドキュメント番組をやっていたけど、金城さんが沖縄戦や米軍駐留の時代を経験しているから、それを特撮番組のテーマに持ち込んでいるというまとめ方にしちゃうのよね。その方が番組にもカッコウがつくから。でも、本当に金城さんはそうだったかなあ、と疑問に思うんですよ。

67年ごろ。井の頭公園にて。

――それと同じ現象を、私は『ゴジラ』の本多猪四郎監督についても感じました。『ゴジラ』をめぐる評論家やジャーナリストの評価には、本多監督は戦争の記憶も生々しい昭和二九年に、戦争の恐怖と反戦の意志をこめてあの本邦初の特撮怪獣映画を作った……という見解が頻出するのですが、私ははたしてそうか？　と思うわけです。なぜなら、本多さんのように不運にも三回にわたって戦争に行かされているような方が、現実の戦争の悲惨を映画などで描けるなどと思うだろうか？　それだけ辛酸をなめた方にとって、映画は戦争という現実を描き得るものではないけれど、逆にそういう現実の悲惨から切れたところにある平和の象徴というか、大切な娯楽という宝物であったのではないかと。それで実際に、生前の本多監督にそのことを質問したら、即座に全くその通りだとおっしゃるわけです。

本多監督も金城さんも、あまりに戦争という現実が酷いものだったから、逆にそんなにイージーに娯楽作品の中でテーマとして直截《ちょくせつ》に扱うはずはなかったでしょうね。

――そのはずなんです。金城さんに至っては、沖縄戦を七歳前後の頃に経験してお母様が生命にかかわるような負傷をされたりしているのに、まずそういう記憶を口に出すことすらなかった。現実に凄まじいものを見てしまったからこそ、金城さんも本多監督も、逆にそういう悲惨からふっきれたテレビや映画の娯楽作品をとてもかけがえのないものだと思って、大いなる作り手としての幸福感のもとでお客さんをどうしたら楽しませることが出来るのか腐心されていたことでしょう。もちろん映画は時代を映すものではありますから、そういう娯楽作に徹した中に、はからずも原水爆問題や米軍統治問題などが影を落とすことはあるのでしょうが、作り手の主たる気持ちは純粋な娯楽作で観客を喜ばせ、驚かせることだったのではないかと。

それなのに、マスコミは金城さんを沖縄の戦中戦後を背負った闘士のように書いたほうが便利でそれっぽくまとめられるから、そういう書き方をやめないんでしょうね。

――そうなんです。ひじょうにおかしかったのは、本多監督ご自身がそうおっしゃっているにもかかわらず、〝『ゴジラ』を戦争から切れた娯楽作だと解するなぞ甚《はなは》だ恐れ入る〟と高名な評論家が自説を曲げない（笑）。もう現実の作品のありようとは関係なく、どうしてもそういうふうにしたいんですね（笑）。だから、金城哲夫は何よりもまず一流のアイディアマンにしてエンタテイナーであること、そしてそのことこそが表現者としての豊かさを映しているのだということが、いつまで経っても理解されないのでしょうね。ちなみに、後に大御所となる市川森一さんも「セブン」の脚本家のひとりで、しかもアンヌのファンだったとか。

でもお会いしたことはなかったの。それが「セブン」の後のテレビ映画『37階の男』も終わった頃に、どこだったか海辺のリゾートで日焼けコンテストというのがあって、たまたま私も市川さんもそこに呼ばれていたんですね。すると、連れてきていた妹さんと同じ顔でニコニコして「初めてアンヌに会えた」って喜んでいらして。「アンヌの登場回を書かせてもらえなくて第一三話「V3から来た男」のような男性が主役の回ばかり担当だった」って。でも後で市川さんが書かれたNHKの『新・坊っちゃん』（七五年）で郭《くるわ》の女を演じたこともあるんですよ。坊っちゃんが柴俊夫さん、やり手婆が浦辺粂子《くめこ》さんで、すごくいい話だったなあ。第一三話「ゆらゆらゆらと紙の船」というタイトルで、テレビドラマでの私の代表作と言ってもいいものです。でも、このシリーズも残念ながら第一話と最終回以外はNHKのアーカイブに残っていないんですよ。

＊

円谷プロの文芸部には、異才の脚本家たちが集結した。一九三八年生まれの金城哲夫は、関沢新一に師事した後に円谷プロに入社、『ウルトラQ』から『ウルトラマン』『ウルトラセブン』、そして六八年の『怪奇大作戦』『マイティジャック』という二大野心作まで、円谷プロの初期テレビ映画の栄光と挫折を全て経験した。『ウルトラQ』の「五郎とゴロー」「1／8計画」、『ウルトラセブン』の「狙われた街」「ノンマルトの使者」などの文明や科学の横暴を批判するシニカルな眼差しとメルヘン的な豊かな抒情が同居したシナリオを生んだほか、シリーズ全体の構成や展開にも目配りをする存在だった。しかし、特撮テレビ映画の突出点ともいうべき『怪奇大作戦』『マイティジャック』の世評が今ひとつであったため、以後の円谷プロは一時経営が傾き、金城も六九年に退社して沖縄に戻り、沖縄海洋博の構成なども手がけたが、七六年に三七歳の若さで事故死する。沖縄の自宅の仕事場階段で酔って転倒したのが命取りになった。

ひし美が語るように、金城はかねて『ウルトラマン』にもゲスト出演していたタレントの真理アンヌのファンで、アンヌ隊員のイメージの原点に彼女があったことは確かである（そんなひし美ゆり子と真理アンヌは『ウルトラセブン』の第三四話「蒸発都市」の後、東映映画『不良番長　一網打尽』でも共演している）。そういう意味では、ピンチヒッターということもあって、金城はじめスタッフが当初構想したアンヌ像と菱見百合子にはけっこうなイメージの乖離《かいり》があったに違いないが、何がうまく行くかはわからないものである。

そして今ひとり、ひし美の回想に登場する四一年生まれの市川森一も、円谷プロの『快獣ブースカ』で脚本家として出発し、『ウルトラセブン』にも「北へ還れ！」「ひとりぼっちの地球人」「盗まれたウルトラ・アイ」といった独特な情感の漂うシナリオを提供していた。市川は七〇年代に入って第二次怪獣ブームが到来した時も『帰ってきたウルトラマン』『シルバー仮面』などに佳篇を寄せていたが、七二年の『ウルトラマンA《エース》』でメインライターをつとめた後は特撮テレビ映画からは離脱し、NHK大河ドラマ『黄金の日日』やTBS金曜ドラマ『港町純情シネマ』『淋しいのはお前だけじゃない』などの異色作の連打で一気に名匠的位置にのぼりつめた。

さらに、ひし美ゆり子とはあまり会う機会はなかったようだが、『ウルトラセブン』を支えたシナリオライターとして忘れてはならないのが、三七年生まれの上原正三だ。同郷の沖縄出身の金城哲夫に誘われて円谷プロに入社し、『ウルトラQ』で脚本家デビューした。『ウルトラセブン』では、第一話「姿なき挑戦者」、第二話「緑の恐怖」、第三話「湖のひみつ」まででがっちり作品世界を定着させた金城哲夫が、鳴り物入りのメカアクション『マイティジャック』の作業に時間をとられることが増え、上原やくだんの市川森一の出番が多くなった。この機に乗じて、上原は「アンドロイド0指令」「悪魔の住む花」「あなたはだぁれ?」、川崎高(=実相寺昭雄)との共作になる「第四惑星の悪夢」「円盤が来た」などのすぐれた作品を生んだ。六九年の金城哲夫の退社とともに円谷プロを去るが、七一年の『帰ってきたウルトラマン』ではメインライターとなって「怪獣使いと少年」「ウルトラマン夕陽に死す」などの忘れ難い物語を見せてくれた。後に上原は東映作品に軸足を移し、『秘密戦隊ゴレンジャー』『がんばれ!!ロボコン』などの大ヒット番組を手がけるが、市川森一と違うのは、この手だれの技をもって一般向けのドラマに進出することはせず、あくまで子ども番組にこだわり続けたということだろう。

こうした優れた脚本家たちのシナリオを料理したのが、これまた異才のディレクターたちであったが、中でも菱見百合子をしたたかに驚かせたのが実相寺昭雄だった。

鬼才・実相寺昭雄監督の思い出

——こうやっていろいろな監督、スタッフとお仕事をされていた中で、やはり実相寺昭雄監督はとても大きな存在だったと思うのですが。

とにかく実相寺さんがいらっしゃる前の評判が凄いの。蝮《まむし》さんは『ウルトラマン』で既に実相寺さんの演出を知っていたから、「鬼才なんだよ、巨匠なんだよ、ものすごい魚眼で役者の表情撮ったりするんだよ」（笑）っておっしゃる。もうそれだけで私ビビッちゃって。でも実相寺さんはいわゆる演技指導は一切しないから、実際は怖い目には全く遭っていないんです。なのに私は怖くて目を合わせられない。それをちゃんと判っていらして何十年も経ってから対談した時に「避けてたよね」って言われちゃいました。実相寺さんの乗ってるロケバスに乗らないで「機材車に乗ってたよね」って（笑）、けっこうよく見てらっしゃったのよね。まだ二十歳《はたち》くらいでまともに人とお話もできないものだから、機材車に乗ってる職人のお兄さんたちの方が楽だったのよね。

——実相寺監督とひし美さんの作品で印象深いのは第八話「狙われた街」と第一二話「遊星より愛をこめて」ですが。

「狙われた街」では、ダンとアンヌが向ヶ丘遊園駅前の二階の喫茶店で窓外を見ながら張込みをしている場面があるでしょ。そこでダンが飲み物のグラスをふっと上げる。そこで「セブン」はオールアフレコだから、すぐ横から実相寺さんが「声で合図したら、グラスを下ろして」とか細かく指示を出す。いわゆる演技指導は一切しないけれど、こういうところは細かいのね。芝居はおまかせで映像の作りこみが優先。実はついさっき、家でテレビをつけたら偶然にCSで「狙われた街」をやっていて、「あ、ここってこう映してたんだあ」って、ようやく気づいた。私なんかこうやって撮ったら絶対ニキビ映るぞとか（笑）、そんな心配ばかりで画のことまで気がまわらない。

とにかく実相寺さんは、ご自分だけがわかっているご自分だけの世界があって、本当に出て来るものが凄いよね。

――「狙われた街」は冒頭のお葬式の場面もなかなかいいですね。成瀬巳喜男監督『女の中にいる他人』や堀川弘通監督『さらばモスクワ愚連隊』、森谷司郎監督『二人の恋人』のカメラマンで、黒澤明監督『どですかでん』にも参加された福沢康道さんが撮影を担当していて美しいタッチを見せてくれます。

そうそう。悲惨な航空事故のお葬式なのに、まだ何もわかっていない子どもたちのところだけ画がやけに明るくて、お母さんたちの画は暗い。そういう映像の対比とか、いろいろ細かく考えていらっしゃるわよね。暗いといえば、実相寺さんはメディカルセンターでも隊員をライトの前でシルエットで撮ったりなさるじゃないですか。ああいう画を蝮さんは「すごいよ」とおっしゃるけど、私なんか当時はあがったものを観ても「ちゃんとメイクして朝から待ってるのに、なんで真っ暗なの?!」と思うばかり。やる気満々の阿知波さんもただのシルエット扱いで（笑）。実相寺さんは奥が深い方だから、ただ平面的にきれいに撮れればいいという感覚ではないのよね。でも実相寺さんが対談で、第四三話「第四惑星の悪夢」で君の顔を一番きれいに撮ったというから、チェックしてみたら私がジュラルミンか何かにぼわーっと映りこんでて〝え！

これが?!〟（笑）。

――それは変わってますねえ（笑）。

いやあ、本当に変わってるわって大笑いしましたけれど（笑）。それから、これは変わってるっていうのとは違うかもしれないけれど、実相寺さんは何でもかんでも気にいった写真でも宣伝のビラでも大切にとっておかれるのよね。「セブン」のカット割りなんかまで描いてある当時の四話ぶんの台本まで、四十年近く経ってもきれいに持っていらして。

――そういえば、実相寺さんご本人のお葬式の時、なぜか妙にこの「狙われた街」の葬儀の場面が蘇ってしかたがなかったのですが。

やっぱりそうですか！　実は私もそうなんですよ。二〇〇六年の師走の、とても寒い日。あの湯島の、春日局の菩提寺のからたち寺……正確には麟祥院《りんしょういん》というお寺は都心にあるのにけっこう緑もあって、その木々の間から澄んだキーンとした光が射して、カラスがカアッて鳴いて……ああ、これ実相寺さんならどう撮るだろうって思った。

――実相寺さんは寺社や葬儀といったモチーフがお好みでしたから、この出棺の風景をどこかから不思議なアングルで撮っておられるのではないかという錯覚を覚えましたね。

実はあの麟祥院の近くに南山堂という医学書の出版社があって、ちょっと思い出が

撮影所のスチールカメラマンたちに請われてモデルをつとめることも多かった。

あるんです。私は高一の夏休みに小川町の写植屋さんでバイトしていまして、一日五〇〇円でその南山堂や東大の薬学部などにお遣いに行くメッセンジャーをやっていた。南山堂は、当時近くに都電の本郷肴町という駅があったな。そんな訳で、あのあたりの町の風情には思い出もあって、実相寺さんも小さい頃にこういう町で育って、大好きな路面電車を眺めていたんだろうなあ、感受性の強い子どもだったのだろうなあって想像しましたね。

——実相寺さんとは亡くなる直前にお会いになられたそうですね。

最後の作品になった映画『シルバー假面』の0《ゼロ》号試写が、亡くなる九日前の一一月二〇日にあって、そのイマジカの試写室に入ろうとしたら出て来る実相寺さんと目が合って、「病気しちゃってねえ」って握手してくれたんだけど、手は冷たかった……。撮影の時もそばにいることはあったのだけど、ご体調がきびしいから皆とても気を遣っていて、私もあえてお訪ねしなかったの。でも、最後までお仕事なさることができて本当によかった。

＊

一九三七年生まれの実相寺昭雄は、ＴＢＳ入社後に演出部でディレクターになるも、スタジオドラマの特異な演出で物議を醸《かも》していたそばから、六三年末の歌番組の中継中に美空ひばりの表情を極端なるアップばかりで追って騒動となり、仕事を干されてしまう。その後、局の先輩でもあった円谷英二の長男・円谷一に声をかけられて映画部に異動の後、円谷特技プロに出向、『ウルトラマン』『ウルトラセブン』『怪奇大作戦』の演出を手がけて異形の秀作を次々と生み出した。逆光のシルエットの画、ナメの構図、ワイドレンズの多用、超クローズアップまたは極端なるロングショット、そして不思議議なサウンドエフェクト……などから成り立っている実相寺調は、『ウルトラマン』では「真珠貝防衛指令」「恐怖の宇宙線」「地上破壊工作」「故郷は地球」「空の贈り物」「怪獣墓場」、『ウルトラセブン』では「狙われた街」「遊星より愛をこめて」「第四惑星の悪夢」「円盤が来た」といった作品群で存分に発揮され、われわれ当時の小さな視聴者は時々シリーズに紛れる異色作の数々に釘づけになり、後にそれらが全て実相寺の作であったことを知って驚き入ったのである。

こうした「マン」「セブン」での試行を経て、円谷プロが狂い咲いた『怪奇大作戦』シリーズで実相寺は「恐怖の電話」「死神の子守唄」「呪いの壺」「京都買います」を演出したが、これらの作品はテレビ映画の金字塔と言っていい斬新で濃密な仕上がりになっている。

ちなみに、これらの実相寺作品の脚本のほとんどを担当したのが三六年生まれの佐々木守だった。佐々木守はＴＢＳのラジオドラマから出発してテレビドラマも書くようになっていたが、一方では大島渚監督の独立プロ「創造社」に参加して、『忍者武芸帳』『日本春歌考』『無理心中　日本の夏』『絞死刑』『帰って来たヨッパライ』といった大島映画の共同脚本に加わっていた。

実相寺は六三年、大島渚がかつて著していた脚本をもとに『いつか極光《オオロラ》の輝く街に』を「近鉄金曜劇場」でドラマ化したり、六九年にはやはり大島脚本の『宵闇せまれば』を映画化して劇場用映画にデビューしたりと、敬愛する大島渚との縁が続いたが、「自分よりもっと同世代の気鋭のスタッフと組んではどうか」と大島から紹介されたのが佐々木守であった。息の合った二人は、くだんのテレビでの「ウルトラ」シリーズで多くの傑作を生んだほか、九〇年の映画『ウルトラＱザ・ムービー　星の伝説』でも組んでいる。二〇〇六年に惜しくも実相寺は病に倒れ鬼籍に入るが、余命いくばくもない時期に最後の念力で撮影していた作品も、かつて佐々木守とともに奮闘した異色のテレビ映画『シルバー仮面』の映画版『シルバー假面』であった。

人見知りが激しかった菱見百合子は、鬼才の実相寺に畏敬の念を持ちながら避けて回っていたというが、『ウルトラセブン』第一二話の「遊星より愛をこめて」は、隊員服を脱いだ菱見を美しい映像でとらえた佳篇だった。反核のメッセージを詩情とともに描いた佐々木守の脚本を、実相寺が意欲的なロケーションで映像化したこの作品は、『ウルトラマン』でフジアキコ隊員を演じ、後に『曼陀羅《まんだら》』『哥《うた》』などの実相寺映画にも出演した桜井浩子がゲストで、菱見ともども人気女性隊員の二人が共演するという意味でも見どころに富むものだった。

幻の第一二話「遊星より愛をこめて」

——さて、「セブン」にお話を戻しますと、第八話「狙われた街」は第一二話「遊星より愛をこめて」と同時に制作されていますね。

一二話は事情があって欠番になっているわけだけど、なぜ誰もあれを改めて公開しようとしないのかな。亡くなる前の高野宏一さんに伺ったら、ちゃんと一二話のネガはクリーニングして保管してあるから安心してよとは言われたんですが。「セブン」の中で自分のこだわりが強い作品といえば、今となっては「遊星より愛をこめて」が一番ですよ。

——一二話は欠番にされた物珍しさゆえに妙な持ち上げ方をされていますが、そういうこ

とではなくて、放映当時から「ああ、これは素朴にいい作品だなあ」ととても印象に残っています。アンヌ隊員と、『ウルトラマン』のフジアキコ隊員だった桜井浩子さんの共演作でもありますね。

そうなんですよ。きれいな映像はたくさんあるし、いい音楽もついているし。あの現場では、桜井浩子さんが実相寺さんと対等にお話しされるのが凄く羨《うらや》ましかった。実相寺監督も「おーい、ロコ！」と親しげだったし、桜井さんも「監督、このブルーとホワイトのリブ編みのセーター、衣裳にいいわよね！」ってご自分で編んだセーターを持っていらした。桜井さんは編み物がプロ級にお上手なんですよ。桜井さんとはその前に『飈風とざくろ』で共演させていただいているんだけど、先輩だから緊張して話せなかった。一二話の時も現場ではご一緒してたけど、ついにお話ししなかったな。

――アンヌ隊員とフジ隊員はライバルなんじゃないかと（笑）周囲が勝手に思い込んで、気を回し過ぎていたんでしょうか。

そうなの。周りが過度に気を遣って、ロコ（桜井浩子）とアンヌはライバルだから一緒にさせまい（笑）と勝手に引き離しちゃうから、なかなかお話しできなかった。二〇〇六年に映画『ウルトラマンメビウス&ウルトラ兄弟』のラストに歴代出演者が集まるパーティーのシーンがあって、神戸の舞子ビラで撮影するからと新幹線のフリーのチケットを貰ったんですよ。その時に「桜井さん、一緒に行きますか」って電話したのがきっかけで打ち解けた（笑）。その後は、ご一緒にイタリア旅行まで行ったけれど、本当に親しくなったのはここ数年のことで。

――「遊星より愛をこめて」は、古澤憲吾監督『クレージー大作戦』『南太平洋の若大将』を手がけた永井仙吉さんが撮影を担当し、ドラマの舞台となる砧緑地などの緑が鮮やかなのですが、やはり印象的なのはスペル星人の隠れ家である通称「百窓」と呼ばれるデザイン建築ですね。

あれは「美セン」よりもっと奥の岡本町あたりのロケ。「百窓」は真四角にいっぱい円窓が付いていて、たぶん建築家のお宅だったのかな。本当に普通の住宅街にぽこっと建っていた。あの「百窓」は後に取り壊されてしまったので、あそこはいったいどんな方の住まいだったのかな、きっと建築家みたいな方のお宅なんだろうなとずっと謎だったんだけど、最近ツイッターで「私はあの家の子どもでした」という会社員の方が名乗り出て、びっくりしましたよ。

――私もその瞬間には本当に驚いて、ひし美さんにすぐメールをお送りした記憶があります。あの万博前夜を感じさせる、ちょっと黒川紀章のカプセル住居にも通じるような建物は、宇宙人が市井になにげなく潜んでいる雰囲気もあって絶妙なロケセットでした。てっきり気鋭の建築家の方のお住まいかと思っていたら、関係者から一般の方の住居だったと聞いて驚きました。かつて実相寺さんと「百窓」のことをお話ししていても、「あれは面白いからミニチュアでも作っちゃってさ」とご機嫌でした。

実相寺さんの長年のパートナーである脚本の佐々木守さんも一二話がずっと欠番でお蔵入りになったことを知らなかったようですね。八〇年代も半ばになって、実相寺さんと佐々木守さんが対談をした時に、「なんでこの資料のリストに一二話は入ってないの？」とようやく気づかれたとか。こういうことは、せめて著作権にかかわる方にはすぐお伝えしたほうがいいと思うんですけどね。

――私は「遊星より愛をこめて」を放映時も、再放送でも見て気に入っていましたが、別にこうした放映の際には問題にならなくて、本放送から三年も経った時にある雑誌の付録のカードに書かれたスペル星人についての不適切な表現が抗議にさらされた。しかし放映されていたドラマの中にはそういった箇所は一切ない。したがって、番組を離れて独自の解釈で作られた商品と、そんな発想はなかった当の番組自体は本来なら厳格に別物として扱われるべきなのではないかと。

番組に落ち度はないものの、また忘れられた問題が話題になると、ほうぼうに面倒臭い思いをさせるのでは、という心配で気がひけているのでしょうね。満田さんに「一二話はどうしてやらないの？」ってお尋ねすると、ちょっと困ったお顔をなさっていました。満田さんが監督した『怪奇大作戦』の「狂鬼人間」もクレームでお蔵入りになったから、この種の問題には敏感でいらっしゃるのかな。

――「狂鬼人間」も『怪奇大作戦』のなかでは突出した傑作の一本ですよね。確かに諸般の心配あっての欠番ではあると思うのですが、ただ「遊星より愛をこめて」という作品そのものには罪がなくて、ごく普通に鑑賞して愛されるべき作品であることは強調したいですよね。

そうなんです。最近はダン（森次晃嗣）だって「一二話っていいよなあ」と言っていましたよ。

＊

一九六七年一二月一七日に放映された第一二話「遊星より愛をこめて」は、『ウルトラセブン』シリーズ中でも屈指の意欲作である。ところが、この本放送から約三年後の七〇年一〇月、ある小学生向けの月刊誌の付録のカードでスペル星人が「ひばく星人」と解説されていたことで抗議が起こり、以後、一一月の再放送以降、第一二話は「欠番」扱いとなる。だが、この一二話にはどこにも「ひばく星人」という語はなく、それはあくまで作品とは切り離された雑誌の付録用に後付けでなされた表現なのである。実際、本放送から三年間、一二話自体はなんら問題もなく放映されてきたし、その後もハワイなどでは普通に放映されている。だが、この出来事から四十年を経た現在に至るまで、円谷プロはきっぱりと国内では公開を自粛する方針をとっている。

「遊星より愛をこめて」は、このようなストーリーだ。核実験に失敗し、放射能に祖国の星を汚染されたスペル星人が、生き延びるための新鮮な血液を求めて地球に潜入する。人間に化けた彼らは、採血機能がある時計を女性たちに配って効果を試したため、貧血で倒れる女性が続出。そんな中の一人、桜井浩子扮するある女性は、この時計をプレゼントしてくれた男性を愛してしまう。やがて、スペル星人は女性よりも子どもから純度が高い血液が採取できると踏んで、今度は懸賞の景品として採血時計をばらまき始める。菱見百合子のアンヌ隊員はひそかに尾行内偵を進めて実態を暴き、ウルトラ警備隊はスペル星人の陰謀阻止に赴く……と、アジトであった百窓の家を突き破って、桜井浩子の愛していた彼とはまるで別物の、奇怪なる宇宙人が正体を見せて立ちはだかる……。

ウルトラセブンによって星人が成敗された後、しかし、物語はこのように締めくくられる。この顚末《てんまつ》で激しく裏切られた桜井浩子が真っ赤な夕陽を見やって時計を池に放り、涙する。気を遣ったアンヌが「夢だったのよ」といたわると、桜井は「ううん、現実だったの。私忘れない、決して。地球人も、ほかの星の人も、同じように信じあえる日が来るまで」と語る。それを聞いていたダン＝セブンは内心で「そんな日はもう遠くない。なぜなら自分のようにM78星雲から来た宇宙人がこうして君たちと一緒に戦っているじゃないか」と内心で独白する。

もともとのシナリオでは宇宙人は甲虫の形をしていたというが、実相寺昭雄監督は成田亨に注文を出して人間の形をした真っ白な姿に痛々しい被爆の跡が見えるようなデザインに変更させた。先述したように『ウルトラセブン』全体には成田亨がこだわったモダンアート的意匠が行き渡っていたので、実相寺の主張する形状はやや生っぽく傷ましい印象であり、成田は激しく抵抗したが根負けして現在のデザインが出来たという。だが、成田の執着と反発は大いに理解できるものの、本作に限っていえば、実相寺の主張は誤っていなかったはずである。

なぜなら、くだんのストーリーの文脈でいえば、スペル星人に仮託されたものは、自滅の危機に瀕しながらも軍事力を増すために核兵器開発競争に走る愚かしい為政者のイメージであって、その愚昧《ぐまい》とエゴが国境を越えようとする純な民衆の祈願を踏みにじるという悲劇が「遊星より愛をこめて」である。したがって、このスペル星人の設定やデザインが現実の広島・長崎の被爆者を誹謗するというのは曲解というものだろう。

もちろん雑誌の付録にうたわれた「ひばく星人」という語は実際の作中には出て来ないが、仮にスペル星人のデザインが「甲虫星人」ではなく「ひばく」を暗示するイメージに変更されたのが事実であったとしても、その意図はくだんのように自滅を厭《いと》わず核兵器で暴走する為政者を批判するという実相寺の痛烈な意図があってのことであり、被爆者の方々を軽々しく侮辱するものと受け取られては、実相寺昭雄も佐々木守も草場の陰で悲嘆に暮れることだろう。

さて、欠番といえば『ウルトラセブン』に続く『怪奇大作戦』でも、満田穧監督が演出した傑作「狂鬼人間」も放映が難しくなった。幸福な家庭を狂った男の乱入によって残忍に破壊され、しかも刑法の壁でその犯人を罪に問えなかった女性科学者が、「狂わせ屋」と称し独自の装置で市民たちを一時的に発狂させて私怨を遂げさせ、社会への復讐を図る……という、まさにこれはよく思いついたものだという極め付きの異色作である。いかに残虐な犯行に及んでも心神耗弱《こうじゃく》状態であったことが確認されれば刑に問われないという刑法に対する、痛烈なアイロニーを突きつける作品で、全篇異様な緊張感みなぎる力作だった。

ＴＢＳから出向していた実相寺昭雄監督がレギュラーチームの直球仕事のはざまで大胆な変化球を投げていたとすると、三七年生まれでＴＢＳのＡＤを経て円谷プロに入社した満田稼監督は、金城哲夫と同じく円谷社員としてシリーズ全体の設定、展開、トーンなどを鳥瞰する立場にあった。したがって、シリーズを通してのアンヌ像について も、ひときわ細心に考えていた人物でもある。満田の理想に頓着せずに天真爛漫な菱見がしばしばお小言をくらうこともあったようだ。満田は実相寺昭雄の華々しい活躍の陰でかすみがちだったが、『ウルトラセブン』の「ウルトラ警備隊西へ」「ひとりぼっちの地球人」「ノンマルトの使者」、最終話の「史上最大の侵略」前・後篇などでひじょうに丹念な演出を見せてくれた。

『ウルトラセブン』の名演出家たち

――実相寺さんのお話が続きましたが、円谷プロの満田稼さんも素晴らしい監督ですよね。満田さんは第九話「アンドロイド０指令」、第二四話「北へ還れ！」、第四二話「ノンマルトの使者」など佳篇を多く手がけておられますが、中でもアンヌが目立った作品といえば第五

話「ダーク・ゾーン」ですね。あれはアンヌもキュートだったし、宇宙人が本当にそこらの街の闇に潜んでいる隣人のように描かれて印象的でした。

そうですね。それと「ダーク・ゾーン」は、アンヌの部屋があんなに大きくて綺麗というのが嬉しかった。当時は美術さんとは呼ばなかった小道具さんが、男性なりに一所懸命女の子の部屋を考えましたって感じで、三面鏡にフランス人形に湘南なんかで売ってる海のお土産まで置いてあったりと、もう涙ぐましいよね（笑）。そういえば、この鏡台の前で髪を梳《す》いている私のバックにペガッサ星人が立っている写真が有名なんですけど、あれはアンヌとして撮ったほとんど唯一に近いスチールなんです。後はTBSの石垣のところで、セブンとポインターと一緒に映っているイメージフォトぐらいで、全くアンヌのスチールなんて撮っていないんですよ。

――それは意外ですね。しかし「セブン」を手がけた監督たちの中で、撮影初日の髪型の件に始まり、一貫してアンヌ隊員のイメージづくりに心血を注いでいたのは満田監督ですよね。

そうなんです。満田さんはもともとTBSのADのアルバイトをやっていたところを、円谷一さんに見出されて円谷プロの社員になった方です。『ウルトラQ』で助監督から監督になって、『ウルトラマン』を四本監督、そして三〇歳にして「セブン」

右頁　67年ごろ。井の頭線のガード下で。

のメイン監督になられた。だから、この時はシリーズ全体の設定や演技を整えるという責任感も強かったと思うのですが、実に辛抱強く私に女優とは何かを教えてくださった。

――でも、ひし美さんの奔放な行動が満田監督の逆鱗にふれて、ついに極端にアンヌの出番を減らされてしまう……。

満田監督の志に反して、当時の私は女優として「こうしよう」という考えもなく、ただ大人ぶって大酒を飲んで煙草をふかしてゲラゲラ笑って……全く満田監督の考えるアンヌ像とは隔たっていたんです。ダメな私は満田さんが注意しても改めなかったので、ついにアンヌの出番が大幅になくなってしまったんです。

――満田監督は、そういうひし美さんの生活態度はアンヌ像から遠いというだけでなく、喉もつぶれてしまうのでアフレコにも差し障る。だから、いっそ冷却期間を置くことにした、と言われているようですね。

第九話の「アンドロイド0指令」の時なんか、東宝の同期の小林夕岐子さんは出番がたっぷりあるのに、私の台詞はほんの一行だけ（笑）。第一一話「魔の山へ飛べ」に至っては、もう出番すらないんです。そうすれば反省するだろうって思ったんでしょうけれど、私が〝やったー〟って喜ぶものだからガクッと来てました（笑）。私が出ていないのはこの話と市川森一さん脚本の「V3から来た男」ぐらいでしょうけれど、そっちはそもそも男どうしの話ですからね。

――しかし、満田監督は第一四・一五話「ウルトラ警備隊西へ　前・後編」以降のアンヌは徐々に女優としての自覚も芽生えて期待に応えてくれるようになったとおっしゃっています。そして、その成果が見事に実を結んだのが第四二話「ノンマルトの使者」であると。

「ノンマルトの使者」は私も最も好きな作品です。地球の先住民族は海底人ノンマルトだと主張する少年の話。とても重たいテーマを含んでいました。アンヌの出番もふんだんにあって、しかも海辺の私服のシーンが多かったので自前のリゾートファッションで工夫しました。

――加えて満田さんのアンヌ愛が漲《みなぎ》っているのは、やはり最終話「史上最大の侵略」でダンがアンヌに自分がセブンであることを告白する場面でしょうか。なんでも最後の二カ月は、撮影開始二時間前の朝七時にダンとアンヌだけを招集して、ライティング前の常夜灯だけがともるセットで満田監督の〝特訓〟が続いたとか。

そうなんです。特訓をやっていただいて、スムーズに撮影が進んでよかったと思います。満田監督は、「アンヌは、ダンに子供を諭すように話しなさい」と何度もおっしゃっていたのですが、確かにその成果は出ていますよね。ダンとアンヌがシルエットになってピアノコンチェルトが流れる、ちょっといつもの満田さんとは違うアートな演出も、きっと実相寺さんたちに刺激されて新境地を開こうとトライなさったんじゃないかしら。とにかく満田さんはいいものを作ろうと前向きでしたね。

――そうですね。しかし満田さんは丁寧なうえにけっこうダイナミックな力のこもった画をお撮りになる方なのに、どうしても実相寺さんのような濃厚な癖ありの鬼才のほうが語られがちですよね。

満田さんはけっこういいものを作っておられるけれど、円谷プロの社員ということもあるし、まあ実相寺さんのカリスマ性が強すぎるからね（笑）。優れた監督さんは何人もいらっしゃったけど、実相寺さんは特別な感じでしたよね。満田さんのほかにも、鈴木俊継さんなんてもっと注目されてもいいと思うんですよ。

――そういえば、二〇〇八年に学習院大学のピラミッド校舎が解体された後、学習院大学でこの建物をロケセットに使った「ひとりぼっちの地球人」を上映して、なんと満田監督と徳仁《なるひと》親王（浩宮。今上天皇）が講演するという珍しいイベントがありましたね。

その講演会で浩宮様がなんとおっしゃったと思います？　〝アンヌ隊員、懐かしいですね〟ですって！（笑）嬉しいわあ。ちなみに満田監督は浩宮様から名刺を頂いたそうなんですが、そこには「徳仁親王」と記されていたそうです（笑）。

＊

ひし美ゆり子が述懐するように、満田稔以上にあまり語られたためしのない鈴木俊継監督も、実はわんさと秀作を送り出した手だれである。もともと東宝の大部屋出身で、映画の端役で桜井浩子と共演していたこともある鈴木俊継は、ＴＢＳ映画部で円谷一が監督したテレビ映画『スパイ　平行線の世界』の助監督を実相寺昭雄とともにつとめた後、『ウルトラＱ』の助監督を経て、『ウルトラマン』の「果てしなき逆襲」「禁じられた言葉」で監督をつとめ、『ウルトラセブン』では「怪しい隣人」「Ｖ３から来た男」「人間牧場」「栄光は誰れのために」「悪魔の住む花」「盗まれたウルトラ・アイ」などの情感ある作品を連打した。『怪奇大作戦』の「青い血の女」「果てしなき暴走」などは、シリーズ中でも特に目立った不思議な味わいのある作品だった。鈴木俊継は、『ミラーマン』『ウルトラマンＡ《エース》』『ファイヤーマン』などの円谷プロ作品、『スーパーロボット　マッハバロン』『少年探偵団』など円谷プロ出身の技術スタッフによる日本現代企画の作品の演出で活躍した後、演出作品はないが、往年のスタッフ仲間も知らぬうちに逝去したとのことである。ひし美ゆり子によれば、ひじょうに穏やかでスマートな演出をしていたとのことだ。

——鈴木俊継さんは東宝の大部屋俳優から転じて監督になった方ですが、『ウルトラセブン』や『怪奇大作戦』でとても優れたお仕事をなさっていたのに、ほとんど語られてきませんでしたね。

鈴木俊継監督はコウチャンと呼ばれてました（俳優の時の芸名が鈴木孝次）。私は鈴木さんが俳優の時は存じ上げないのですが、確か古谷敏さんの同期で、桜井浩子さんは何かの映画で一緒にダンスするシーンがあったとか。でも、その時、お二人とも顔から下しか映っていなかったんですって（笑）。

——鈴木俊継監督の撮った第二二話「人間牧場」の冒頭、プライベートのアンヌ隊員をとらえた夜道のカットは、数あるアンヌ隊員のビューティーショットの中でも抜きん出ていますね。

あそこはＴＢＳの寮がある伊豆の入田浜でロケしたのですが、第二一話「海底基地を追え」と第二二話「人間牧場」は最初から特撮班が本篇部分も撮ることが決まっていて、私の歩きの画を特撮班の鈴木清さんが撮ったんです。なかなかかわいく撮れていて、私もお気に入りなんです。

＊

──でも「人間牧場」の時は、ひし美さんには演技的に悔しい思い出があるそうですね。

「人間牧場」で、ブラコ星人の胞子にやられて意識を失っていたアンヌと、島つかささん扮する友人のルリコが同時にふっと目を覚ます……という場面があったんですが、どうしても私だけそーっと目を開けることができなくて。私はもう開けるか閉じるかで不器用なものですから、緊張もあって静かにじわじわ開けられないんです。しかたなく鈴木監督は、二人がパッと目を覚ますというふうに変更してくれました。これはもう悔しいやら、監督に申し訳ないやら……。

──珍しくアマギ隊員がメインになる第三一話「悪魔の住む花」も鈴木監督でした。

ああ、「悪魔の住む花」の古谷さんはよかったよね。有名になる前の松坂慶子さんが扮した少女と、アマギ隊員の間の淡い恋心みたいなものが描かれていて……。

──このほか『ウルトラセブン』では俳優座の吉田ゆり（現・香野百合子）さんが祖国の星に見捨てられた孤独な宇宙人を演ずる第三七話「盗まれたウルトラ・アイ」、『怪奇大作戦』では社会問題をうまくサスペンスに消化した第七話「青い血の女」、第二二話「果てしなき暴走」など、鈴木俊継監督には風味のある傑作がいくつもありますね。

鈴木さんは本当に優しくてハンサムでスタッフにも愛されていましたね。円谷プロのスクリプターだったペコちゃん（宍倉徳子さん）と結婚していたことまでは聞いていたんですが、亡くなられたことは二、三年間誰も知らなかったようですね。

——注目の的だった実相寺昭雄監督から異才・鈴木俊継監督まで、さまざまな優れた監督たちに愛されていたアンヌ隊員ですが、『ウルトラセブン』はシリーズ全体に力作、異色作が目白押しでした。この六七年から六八年の本放送の時にもアンヌ・ブームはあったのではないですか。

いいえ、そんなブームは一切ないですよ。街を歩いてても何もない。そりゃ隊員服を着て撮影している時はギャラリーもいましたけど、普通に歩いていても全く……。視聴者はみんな子どもだから、ダンやキリヤマ隊長はともかく、アンヌが好きというのは恥ずかしくて友だちどうしで話せなかったようですよ。私もアンヌ隊員というのは、「セブン」の仕事をやっている間だけの束の間の役柄だと思っていたし、そもそも作品自体、オールアフレコだから録音の時にだいたい全体は見てるけど、一本の作品としてつながって日曜ヨル七時に放映されたものは案外見ていないぐらいで。そんなものです。

——そういえば、七四年一〇月放映の『ウルトラマンレオ』第二九話「運命の再会！ダンとアンヌ」では、MACの隊長になっているモロボシ・ダンの元にアンヌらしい女性が現れるという展開になっていましたね。

ダンは私を見てアンヌとの再会を喜ぶんですが、私は自分を〝アンヌじゃない〟と言い張る。しかも、アンヌに似た女である私は、念力を使う宇宙人の捨て子をかくまっている謎の存在なんですね。いったい私は本当はアンヌだったのかそうでないのか、さっぱりわからない……なんとも不思議な設定でした。ただ、私はおかしな和服を着せられて、一方のダンも背広姿なので、こんなにかつての『ウルトラセブン』の時とイメージが違って来ると、こうして再登場するのはファンに対して本当にいいことなのかなあ？　と考えてしまいましたね。

＊

今となっては意外なことだが、当時のテレビ映画は全く二次利用、三次利用など想定されない一期一会の消費物であって、現在のように何度も見返してはフェティッシュに愉しむものではなかった。だから、われわれ子どもの視聴者も、せいいっぱい「セブン」を面白がったら、次は何が来るのだろうとあっさり興味を転じていたし、ましてひし美の言うように恥ずかしくて「アンヌが好きだ」と主張できるような年齢でもない。また、当時は現在よりも子ども向け番組と大人向け番組の間にはしっかり敷居《しきい》があったはずで、今どきのように「ウルトラマン」や「仮面ライダー」や戦隊物の二枚目のイケメンスターたちを子どもと母親が一緒になって応援するというような現象も一切なかった。

それゆえに、いかに大人も唸らせるようなレベルの高い作品だったとはいえ、「ウルトラ」シリーズはあくまで子どもたちだけが熱心に見ているものだった。そういう次第で、今のように大人も子どもも一緒になったアンヌ隊員ブームなど起こる由もなく、菱見百合子もアンヌ隊員という役柄が一生涯自分につきまとうイメージになるとは思いもせず、『ウルトラセブン』もいくつかの仕事のひとつとして淡々とこなして、次の連続テレビ映画の現場に向かっていたのである。

次頁の写真　1969年２月ごろ、井の頭公園にて

第三章——

百合子ふたたび

撮影所最後の時代

テレビ映画のヒロイン行脚

後年改めて菱見百合子を再浮上させるきっかけになる『ウルトラセブン』のアンヌ隊員役も格別の思い入れもなく通過して、菱見は次なるテレビ映画の現場へ向かった。すでに菱見は東宝のテレビ部に移っており、テレビ映画の仕事を主にこなしながら、たまに映画の小さな役で迎えられることもあった。不意に東宝を去る日が来るまで、菱見はそんなふうに仕事をしていた。この章では、ひし美ゆり子の回想を通して、映画にとってかわったテレビ映画、その一方で観客動員数の激減にあえぎながら作られていた撮影所のプログラム・ピクチャーが対峙する時代を振り返ってみたい（プログラム・ピクチャーとは日本映画の最盛期に自社のチェーンの映画館に配給するために撮影所で量産された娯楽作品のことであり、東宝、松竹、東映、大映、日活と五社ごとに作風が異なっていた）。一九六〇年代後半から七〇年代初めにかけてのことである。

六八年九月終了の『ウルトラセブン』の直後に菱見百合子が出演したテレビ映画は、六八年七月にスタートしていた日本テレビ『37階の男』だった。当時、東洋一の超高層建築だった霞が関ビルが三六階、さらにその上階にオフィスを持つ探偵にして作家の神振太郎（中丸忠雄）とパートナーの風早刑事（高城丈二）の活躍を描く活劇ドラマであった。

三三年生まれで五五年にニューフェースとして東宝に入社した中丸忠雄は、注目された岡本喜八監督『独立愚連隊』をはじめ最盛期の東宝映画に数多く出演していたが、『37階の男』の年には東宝を退社して、映画よりもテレビや舞台に軸足を移していた。共演の三六年生まれの高城丈二も六〇年以降、邦画各社のプログラム・ピクチャーに顔を出していたが、むしろテレビ映画でのクールガイぶりのほうが目立っていたことだろう。

制作は東宝傘下の宝塚映画だったため、監督は後に「血を吸う」シリーズで情趣あるホラー映画の腕を見せる山本迪夫《みちお》、『その場所に女ありて』の名匠・鈴木英夫、「ウルトラ」シリーズでおなじみの野長瀬三摩地といったメンバーだが、この時期になると撮影所の擁する大ベテランも気鋭の若手もテレビ映画の演出に回されていたわけである。

＊

――当時としては別に熱烈なアンヌ・ブームが起こったわけでもなく、『ウルトラセブン』も数あるテレビ映画のお仕事の一本としてなにげなく通過されたわけですね。そして「セブン」の後に、ひし美さんは東宝の映画部からテレビ部に移られていますね。

そうなんです。この頃、映画館にお客さんが来なくなるのと対照的にテレビのステイタスはぐんと上がりつつあったので、私もそんなに映画にこだわる気持ちではなかったです。

――「セブン」の後の、連続テレビ映画のレギュラーは『37階の男』。これは当時、超高層ビルのあけぼのとして話題になった霞が関ビルのてっぺんに探偵事務所があって、ひし美さんはそこで活躍する一員でした。

そうそう。「セブン」が終わった直後にTBSの『ドカンと一発！』（六八年）という、ドリフターズとクレージーキャッツが共演して宝探しをするドラマにちょっとだけ出演したんです。その後に『37階の男』のレギュラーになった。ちょうど話題の超高層ビルだった霞が関ビルが三六階で、その上に中丸忠雄さん扮する作家兼探偵の主人公がいて、私はその秘書で合気道二段の葵レナ子。確かマツダ一社提供でコスモとかルーチェとか人気の車が劇用車で使われてた。もともと『37階の男』のヒロインは高橋紀子さんだったのですが、ちょうど高橋さんが寺田農《みのり》さんと結婚する頃で途中降板。それで一四話から最終話まで私が代打で出ることになったんですね。高橋さんは

左頁　71年、雑誌の取材にて。世田谷区松陰神社界隈。

確か甲府かどこかのお嬢様で、お洋服もご実家から買ってもらっていたので、私は彼女からけっこうお洋服を頂いちゃった（笑）。雪の井の頭公園で撮ったスナップが残ってますけど、あの黒いマントも高橋さんのおさがりですよ。

――高橋紀子さんは目がくりっとしたアイドルふうで、西村潔監督『白昼の襲撃』などで人気がありましたが、後に実相寺組のレギュラーとなる寺田農さんと結婚されて引退、ファンから惜しまれました。

結婚といえば、あの頃話題になった東宝の柏木由紀子さんと坂本九さんのご縁も、私がとりもったんですよ（笑）。

――坂本九夫妻の愛のキューピッドがひし美さんだったとは！（笑）ひし美さんのお話をうかがっていると、当時の東宝撮影所での素敵な、あるいは意外なアヴァンチュールの数々が窺い知れますね。さすがに本書に記すわけにはまいりませんが（笑）。

まあ、ご内分にね（笑）。そんなわけで『ウルトラセブン』の撮りが終わったのが一九六八年の八月、そのすぐ後の一〇月くらいから『37階の男』に入ったんです。これは砧の東宝撮影所ではなくて、東宝傘下の宝塚映画だったので、ホテル住まいでした。当時は田舎だったのに、私が歩いていると宝塚音楽学校のお嬢さんたちが「おはようございます」って凄く丁寧に挨拶してきて不思議な感じでしたね。

――『37階の男』ではまた監督にきつい注文を出されたのですか。

ええ、ホテルも一緒だった木俣和夫監督にけっこう絞られて。とても落ち込んだので、二日くらい撮休の時に自腹で東京に帰ったんです。私は飛行機が嫌いだったのに、高橋紀子さんが「飛行機の方が速いから一緒に帰りましょうよ」って言うので（笑）。彼女は楽しそうに雑誌か何か読んでいたけど、私は「よく平気だなあ」ってドキドキしてました。この飛行機が羽田に着いて、タクシーに乗ったら東京が大変なことになっていて。この日は一〇月二一日で……。

――国際反戦デー、しかも六八年は新宿騒乱事件が起こった年ですね。ベトナム戦争反対のデモ隊数千人がゲバ棒などで武装して新宿に結集、駅構内に乱入放火して交通が麻痺するに及び、騒乱罪（騒擾《そうじょう》罪）が適用されました。

そうなんですよ。あちこちの交番で騒ぎが起こっていて、もう怖くて怖くて。『37階の男』の頃といえば、この騒ぎに遭遇した後で、暮れの三億円事件を宝塚撮影所のセットの中で知ったのを覚えています。

――今からは想像もつかない激しい時代だったんですね。しかし、当時のひし美さんは本当に落ち込みやすかったのですね（笑）。

そうなの。嫌なことに限って覚えてて、神経質な男優さんがいて、あまり口もきいたことがないのに、私がごはんを食べてるともっと楚々と食べろよって（笑）言ってくるから、これもグサーッと来て。あまりうちの母ってそういうしつけはしない人だったけど、私は美味しいものはワーッて喜んで食べてたから、学生の時も「菱見さんは本当にお弁当美味しそうに食べるよねー」って言われてたの。私、とにかく自分を俯瞰で見たことがなかったから、もう嫌味たっぷりに言われちゃうとショックで。

――ひし美さんの後続の、秋吉久美子さんや桃井かおりさんのような、撮影所システムが崩れてから現れた女優さんたちは天衣無縫に自己主張してナンボという出っ張り方をしていましたが、ひし美さんのように最後の撮影所の養成所出身の方にとってはそういうあり方はなじまなかったでしょうね。

ええ。確かに秋吉さんのような方は監督と喧嘩しても平気そうだったけど、私なんかスタッフの言うことは抵抗なく「はい、わかりました」って聞くものだと思ってたから。それでもたとえば網タイツで奇術をやるというシーンがあって、「もうちょっと違う網目のタイツはありませんか」って衣裳のオジサンにちょっと自分の意見を言ったことはあるんです。するとこのオジサンが怒って飲みに行っていなくなったと思ったら、素っ裸になって帰ってきて「菱見百合子はどこだ！」って探し回ってたらしい（笑）。衣装ったって素人みたいなオジサンですぐにクビになったけど、まあやり

『37階の男』の一場面。この網タイツが波紋を呼んだ。

にくかったなあ。

――キャスト同士もあまり親密ではなかったとか。

レギュラーは中丸忠雄さん、高城丈二さん、砂塚秀夫さんと私だったんだけど、「セブン」の時とは打って変わってレギュラー皆で飲みに行くなんてことは全くなかった（笑）。中丸さんと高城さんが仲が悪くて、本当に現場の雰囲気が悪かったのよねえ（笑）。どっちが先に現場に入るかを意識して、わざとお互い遅れて来たりするんだもの（笑）。その時は高城さんは苦手な印象だったけど、後になって東映撮影所で天知茂さん主演のテレビ映画『非情のライセンス』の現場で会ったら優しかったな。おうちで奥様にも紹介してくださったけれど、山口百恵のポスターが貼ってあって「本当に百恵ちゃんはええなあ」って（笑）。以前はクールガイで売ってて突っ張ってたけど、スタッフに嫌われちゃうとだんだん仕事も減ってダメになっちゃうから、みんな変わっていくんですよね。

――そんなふうに『37階の男』は困った思い出も多いようですが、映画に比べてテレビ映画の現場はかなり厳しいものがあったということですか。

いえいえ、まだ『37階の男』の頃は割合作り方も丁寧で、ちゃんと衣裳も採寸して作ってくれて、まだ往年の映画の名残りがあった。もちろん映画業界は斜陽だったけど、丁寧にものを作る最後の時代だったなあという感じですよ。もっとも宝塚映画はそんなに撮影所自体大きくなかったし、砧の東宝撮影所に比べると活気はありませんでしたけれどもね。

＊

――なかなか苦い思い出の多い『37階の男』に続いて、やはり六八年一〇月からスタートしていたフジテレビ『東京コンバット』にも第二二話から出演する。これは東宝のアクション映画を担った三橋達也の警部、佐藤允《まこと》の警部補らが捜査用の特殊自動車〝コンバット・カー〟を駆使して事件を探《さぐ》るという刑事物で、古澤憲吾、山本迪夫、児玉進といった東宝の監督たちが演出した。しかし、菱見百合子にとっては番組そのものよりも、この作品が縁で知り合ったあの将来の大型俳優の記憶のほうが鮮やかだったようだ。

無名時代の松田優作と出会う

――明くる六九年にはフジテレビのテレビ映画『東京コンバット』にも中盤からレギュラーで入られますね。

テレビ映画『東京コンバット』出演のころ。

宝塚を一月くらいまでやった後、東京に戻って浜町スタジオで『東京コンバット』。これは刑事物で、私は留守番役の婦人警官の役なんですが、時には変装して潜入捜査をやったりするわけです。でも紅一点ではなくて、モデル出身で東宝に入った藤あきみさんも出ていました。確か私が悪役の人に服を破られて下着姿になっちゃう場面があったのですが、この怖い顔の相手役の男性がとても優しい方で、撮影が終わった後「ごめんね」って新宿の「ロック」というバーに連れて行ってくれたんですね。

――無名時代の松田優作がバーテンをやっていたというバーですね。

そうなんですよ。そこに文学座時代の村野武範がお客でいて、癖でいつもモミアゲをくちゃくちゃいじってるから、そこがなんと白くなってるんですよ（笑）。もう一人、原田大二郎も全くの下戸なのにそこにいて、二人で「俺が先にスターになるんだ」って喧嘩してるの（笑）。でも二人ともその後本当に有名になったから凄いよね。七〇年には原田が新藤兼人監督『裸の十九才』に主演して、七二年には村野が人気青春ドラマ『飛び出せ！青春』の主役になった。この店は文学座の研究生のたまり場みたいなところで、当時は五〇〇円のサントリーレッドのボトルがこの店では一五〇〇円……。若い私たちにはそれはけっこうな出費だったので、外で買ったレッドをこっそり注ぎ足したりしてました（笑）。ちなみに草野大悟さんもよくお一人でカウンターで飲んでいました。

――その頃の松田優作さんはどんな感じだったんですか。

私が二二、三歳だったから、優作ははたちか二一歳よね。大柄だけど、そんなにカッコいい雰囲気ではなかったの。手がグローブのように大きくて。芸能界に憧れているって言うので、私は東宝にいるよって教えたら、〝黒沢年男と仕事してるのか、いいなあ～。加山雄三でも黒沢でも、どっちでもいいからサイン貰ってきてよ〟なんてミーハーなことを言ってた（笑）。でも、新聞配達したり空手やったりしながら「ロック」でも働いて毎日三時間くらいしか寝ない、ナポレオンみたいな毎日だったようで……まあ無理してたんじゃないかしら。でもいつの間にか俳優デビューしていたんですよね。

――日本テレビで『青春とはなんだ』『おれは男だ！』『飛び出せ！青春』などを制作していた岡田晋吉プロデューサーは、ちょうど『太陽にほえろ！』の若手刑事役を探している時に『飛び出せ！青春』の村野武範さんから松田優作さんを紹介されたそうです。これが、松田さんを世に出した『太陽にほえろ！』のジーパン刑事誕生のきっかけですから、全てはひし美さんを含めた「ロック」のご縁から始まっている……これはちょっと凄い話ですね。一躍スターになった松田優作さんとは再会されたんですか。

ええ。七三年に私が『太陽にほえろ！』の衣装合わせのために国際放映に行ったら、どこかで見たような大柄の男性が〝ひし美さ〜ん！〟って叫んでやって来て、〝優作だよ。僕、このドラマの刑事役に抜擢されたんです〟って（笑）。私の方はこの時は冒頭に出て来てすぐ殺されちゃう役。優作はちゃんと出ていたけれど、私は回想シーンで誰かに撃たれて死んじゃうの（笑）。うわーってスローモーションで倒れたら「ファンキー・モンキー・ベイビー」が流れてたなあ。かつては松田優作に〝羨《うらや》ましいなあ〟って言われてた私が、回想の中ですぐ殺されちゃうんだから（笑）。

――ひし美さんが『太陽にほえろ！』に顔を出されていたのも、東宝撮影所のご縁ですか。

そうですね、『太陽にほえろ！』の頃はもう東宝は辞めていたと思いますけれど、監督の高瀬昌弘さんが呼んでくれたんですね。後に私が銀座にお店を出した時も、高瀬さんは東宝の児玉進監督とよく二人で来て下さった。児玉監督は早くに亡くなられたけど、ひいおじいさんが台湾総督の児玉源太郎陸軍大将だったんですよね。

――同じく台湾総督だった長谷川清海軍大将は、実相寺監督のおじいさんですね。ところで高瀬昌弘監督は『太陽にほえろ！』とともに当時の人気番組だった『飛び出せ！青春』も手がけていました。

『飛び出せ！青春』と言えば、村野武範も私より出世しちゃうんだよねえ（笑）。ある日、私が東宝にギャラを取りに行ったら、村野武範がやって来て「俺抜擢されたんだよ、青春ドラマの先生役に！」だって（笑）。それが日本テレビの『飛び出せ！青春』だったのね。私はそういう皆の人生の大きなポイントによくよく出会っていたのよね。その何年か後に日本テレビの連続ドラマ『手紙』で村野武範と共演したら、なんだか威張ってて「おいおい」と思ったけれど（笑）。

＊

六九年、テレビ映画の縁でたまたま出向いた新宿東口のトリスバー「ロック」に若き日の松田優作がバーテンとして、文学座研究生時代の村野武範と原田大二郎が客としてたむろしていたというのは、これまた映画のような偶然であるが、この時点では全く無名だった三人が数年のうちに皆売れっ子の俳優としてお茶の間の人気を博すようになったのも驚きである。しかも、象徴的なのは、この三人が三人とも映画ではなくテレビ映画によって華々しく注目されたということだ。

まず四五年生まれの村野武範は、七一年に藤田敏八監督『八月の濡れた砂』に出演したりもしていたが、やはり彼の名を広く知らしめたのは七二年の日本テレビ『飛び出せ！青春』の〝レッツ・ビギン！〟を決まり文句とする熱い教師の役だろう。そして松田優作は、『怪奇大作戦』に続くTBSタケダアワー『柔道一直線』のエキストラをやったり、なんと第二章でふれた成田亨と古谷敏が組んだ日本テレビの特撮ヒーロー物『突撃！ヒューマン!!』の主役オーディションに応募したりしていたが、村野から『飛び出せ！青春』のプロデューサーである日本テレビの岡田晋吉を紹介された。ところが、岡田は『太陽にほえろ！』の担当でもあったので、この縁で松田は七三年に柴田純＝ジーパン刑事役をつかみ、一躍人気者になる。前後して松田は東宝『狼の紋章』やATG『竜馬暗殺』、日活『あばよダチ公』などの映画作品にも出演するが、なんといっても松田優作をスターダムに押し上げたのはテレビ映画だった。

これは四四年生まれの原田大二郎にもあてはまり、いちはやく七〇年の新藤兼人監督の独立プロ作品『裸の十九才』で連続射殺犯・永山則夫をモデルにした少年を演じて批評家筋から注目されたが、メジャーな人気を得たのは七五年の東映のテレビ映画『Gメン'75』の警部補役からだろう。このように、もはやスターの人気を築くものが映画ではなく、すっかりテレビの役割となった時代に、菱見百合子は次々とテレビ映画をこなしていた。

テレビ映画のジャンル横断

――東宝時代のひし美さんのテレビ映画に話を戻しますと、『東京コンバット』は六八年秋から六九年秋まで一年間放映されましたが、同じ時期にはTBS『フジ三太郎』にも出ておられますね。サトウサンペイの人気漫画が原作で奔放な主人公を坂本九さんが演じていました。サトウサンペイが作詞、大林宣彦監督作品で知られる宮崎尚志さんが作曲、九ちゃんが唄う「三太郎ソング」というのもありました。

九ちゃんの奥さん役は三好美智子さんでしたね。私はOL役のひとりだったんですが、ある日、休み時間に九ちゃんが〝柏木由紀子が好みのタイプ〟だって言うんです。実は私はその頃テレビ部に移っていたんですが、偶然にもそこに柏木由紀子さんがいた。それで、国際放映の前にあった「ぼく」という喫茶店に九ちゃんを待機させて、とまどう柏木さんを引っ張っていったんです。〝九ちゃんがあなたとお茶を飲みたがってるから〟って。私は彼女を中に押し込んで帰っちゃったから、その後がどうなったのかは知らないんですが、とにかくお二人はご結婚されたわけで、私が縁結びをしたのは間違いありません（笑）。

――この後のテレビ映画といえば、NET（＝現・テレビ朝日）『大変だァ』（七〇年）、

ＴＢＳの花王愛の劇場『愛と死と』（七〇年）、ＮＴＶの「火曜日の女」シリーズ『蒼いけものたち』（七〇年）などが続きます。

『大変だァ』は遠藤周作さん原作の鶏を食べると男女が入れ替わるというおかしな話で、藤田まことさんと南田洋子さんが主演。お二人の娘役が宇都宮雅代さんで、その親友が私。銀座の私の行きつけのカウンターバーに藤田まことさんをお連れしたら、先客の立川談志さんと懐メロや軍歌で盛り上がって、バタヤン（田端義夫）の「ふるさとの燈台」を素敵な声で唄ってくれるの。私なんかもうメロメロで（笑）、談志さんも「あの男前じゃ、おまえが惚れるのも無理ないよ」って言ってたな。

――『愛と死と』（七〇年）はＴＢＳのお昼

テレビ映画の“愛の劇場”シリーズ『愛と死と』のキャストたち。

の帯ドラマ枠「愛の劇場」シリーズなんですね。監督は「ウルトラ」シリーズの野長瀬三摩地さん。

実業団の女子バレーボールチームを舞台に、チームのエースだった島かおりさんが癌になって、夫でコーチの和崎俊也さんが献身的に支えるメロドラマ。ちょっと前に流行った『サインはV』にどこか似てますね（笑）。私たち部員役はみんなバレーボールの特訓を受けるんですが、回転レシーブが巧いって誉められました。毎日ロケでしたが、現場はいい雰囲気でした。後に『スペクトルマン』の成川哲夫さんの奥さんになる関口昭子さんとは仲がよかったかな。

――『蒼いけものたち』はなんと後に角川映画第一作として有名になる横溝正史の「犬神家の一族」のテレビドラマ化ですね。しかも脚本は佐々木守さん。原作とは登場人物の名前が全て変更されていますが、ひし美さんは映画で川口晶さんが演じていた犬神家の孫娘・小夜子の役でした。

主演は酒井和歌子さんでした。涙を流すシーンで酒井さんがハッカ棒を使っていて感心しまして、自分でも試しました（笑）。六話完結のシリーズなんですが、私は首吊り自殺をするんです。落下傘みたいな装備をして演じるんですが、自殺する役はこれだけですね。

――NET『鬼平犯科帳』（六九年／『新・鬼平犯科帳』七一年）を皮切りに時代劇にも顔を出されていますね。

「鬼平」は先々代の松本幸四郎さん、つまり亡くなった初代白鸚さんが平蔵を演じたシリーズで、六九年スタートの第一シーズンの五話、七一年スタートの第二シーズンの一〇話に出ています。私を買ってくれていた東宝のプロデューサーの市川久夫さんのおかげで声がかかったんです。一本めは主役クラスのいい役ではあったのですが、義賊の前田吟さんを助ける若い女の役で〝そっちに行ったらつかまるよ〜〟と言いながら川に飛び込む場面があった。それで一一月のとても寒い時に撮影所の水槽で水中撮影がありまして、体にワセリンを塗って入ったのですが、もう死ぬほど寒くて……。私が経験した中でもワーストに入る厳しい撮影でした。もう一本は田舎くさい気のいい娘が事件に巻き込まれて、中村吉右衛門さんに助けられるという話で、これもけっこういい役でしたね。

――時代劇といえば、次いで『人形佐七捕物帳』（七一年）にも出演されました。

人形佐七は林与一さん。五話ほど出ましたが、第一四話「二人お信乃」で財産目当ての悪女のお信乃という役をやったんです。この時、あまりにも精巧な刺青を背中に描いてもらったので、洗い流す前に友人に見せて〝これ、昔やくざに入れられたんだけど、消せないかしら〟ってかついだら、とても深刻に驚かれて（笑）。本当の事を言ったら、めちゃくちゃ怒られました（笑）。

――当時はスタッフの腕前も凄かったというわけですね（笑）。時代劇といえば、『弥次喜多隠密道中』というシリーズもありました。この中にはテレビ映画の祖というべき『月光仮面』の船床定男監督の作品も紛れています。

『隠密弥次喜多道中』は四代目尾上菊之助（現・菊五郎）さんと目黒祐樹さんが主演。あの番組は歌舞伎座テレビ放送が制作なんですが、ひとつ感動した思い出があって。私はだいたい朝が早いから六時くらいにスタジオに行って、三〇分くらいメイクルームが開くのを待つのが常だったんですが、この時は私よりも早く現場に来て、掃除をしたり水撒いたりしてる制作進行の人がいたの。それが実は、今は映画評論家のおすぎ（杉浦孝昭）だったのよ。

――おすぎさんは当時はどう呼ばれていたのですか。

当時から女性よりも女性っぽくて、皆から「おすぎ、おすぎ」って愛称で呼ばれていましたね。それで、おすぎから「貴女、外股で歩いてるわよ」（笑）って言われて、「時代劇に出るなら、膝で半紙をはさんで落ちないように楚々と歩く練習をしなさい」って教えてくれたんです。ずっと後になって確かニッポン放送で再会して抱き合いましたけど、いい思い出ですね。

――『弥次喜多隠密道中』の頃の菊之助さんは、ちょうど東映の「緋牡丹博徒」シリーズで大スターだった藤純子《じゅんこ》（現・富司純子《すみこ》）さんとの結婚が評判となっていた最中だったはずですが。

そうなんですよ。国際放映のそばの小さなスナックで打ち上げをやったんですが、そこでまさに来週結婚なさるという菊之助さんとダンスをしたんです。たぶん結婚前、最後に踊った相手が私かもね（笑）。お嬢さんの寺島しのぶさんも、いい女優さんですよね。私は昔映画で脱いでたことを凄く恥ずかしく思う時期もあったけれど、寺島しのぶさんはそんな脱ぐことがどうのこうのではなくて堂々と自分の全てを見せて演

『おーい幸福！』（69年）にゲスト出演した際の潮来ロケにて。

技なさるでしょ。あの姿を見ていると、ああ、自分のこだわりは実につまらないものだった、あれが女優なんだって教えられますよ。あの寺島さんの生きかたはカッコいいよね。しのぶさんが生まれたのは、『弥次喜多隠密道中』が終わった七二年の一一月だったかな。

――三船敏郎主演のNET『荒野の素浪人』（七二年）にも出演されましたね。黒澤映画に出て来る「桑畑三十郎」や「椿三十郎」より三倍強い「峠九十郎」（笑）という役で、三船さんが悪人を斬りまくる活劇でした。

第二一話に出ましたが、テレンス・ヤング監督の映画『レッド・サン』（七一年）を観て、アラン・ドロンやチャールズ・ブロンソンと共演していた三船さんかと思うと、緊張しすぎて声が出なくなりまして（笑）。私、女優のくせに見知らぬ人や敬愛する人の前ではアガリまくって話せなくなってしまうんです。だから、三船さんの時は精神安定剤を飲んでようやく台詞を吐きだした感じでしたね。しかも一錠飲むべきところを五、六錠飲んだかな（笑）。

東宝との契約が切れた「BG女優」

このようにアクション、コメディ、メロドラマ、時代劇……と、菱見百合子はさまざまなジャンルのテレビ映画に出演したが、これに毛が生えたようなジャンル映画をひと昔前の家庭にテレビがない時代なら、週替わり何本立てかで観客はありがたく観ていたのである。だが、七〇年前後ともなると、過去の栄光にすがったまま旧態依然の映画会社から目覚ましい企画は生まれず、くだんの三船敏郎や石原裕次郎が興《おこ》したスタープロ、もしくは映画会社を飛び出した監督たちの独立プロの作品が勢いのあるところを見せたほかは、邦画興行は沈滞傾向の一途をたどるばかりであった。

しかし、こんな状況下でも東宝は自社の社員監督をデビューさせていたし、第一章でふれたような品がよく洒脱な東宝カラーは大事にされていたと言えるだろう。ひし美ゆり子の回想に登場する監督の顔ぶれを中心に挙げれば、三二年生まれの浅野正雄は六八年『街に泉があった』で監督となり、翌年に『恋にめざめる頃』『華麗なる闘い』を撮る。中では岸惠子のデザイナーと内藤洋子のお針子が対峙する『華麗なる闘い』など、いかにも当時らしいサイケな映像感覚もあって面白かったが、その後の監督作はない。

三四年生まれの山本邦彦は東宝傘下の東京映画で六八年に『にっぽん親不孝時代』で監督デビュー、東宝に移籍後は、七一年の『走れ！コウタロー　喜劇・男だから泣くサ』『おくさまは18才　新婚教室』のような流行歌やヒットテレビ番組の便乗企画に甘んじつつ、七四年の高橋洋子の女教師と織田あきらの高校生の悲恋を描いた『蔵王絶唱』でこだわりを見せるも、以降、テレビ映画が中心になる。

三二年生まれの石田勝心《かつむね》は、七〇年『喜劇　頑張れ！日本男児』で監督となり、同年の『ひらヒラ社員　夕日くん』、七一年の『昭和ひとけた社長対ふたけた社員』などの喜劇をそつなくこなしながら、同年の『父ちゃんのポーが聞える』という吉沢京子と小林桂樹の難病メロドラマで冴えた語りを見せたが、七五年の『東京湾炎上』、七七年の『白熱（デッドヒート）』のような資質に合わないサスペンスやアクションを任せられて手に余る感じがあった。

三三年生まれの山本迪夫は、監督昇進前から菱見が出ていた『東京コンバット』などのテレビ映画を演出し、六九年に『野獣の復活』で監督デビュー、七〇年の『悪魔が呼んでいる』『幽霊屋敷の恐怖　血を吸う人形』以降は怪奇映画（今でいうホラー映画）で異彩を放つも、やはり活動の中心はテレビ映画に移った。

そして三五年生まれの小谷承靖《つぐのぶ》は、七〇年に『俺の空だぜ！若大将』で監督となり、七三年の『ゴキブリ刑事《でか》』、七四年の『急げ！若者』と喜劇、アクション、青春物まで幅広く手がけ、七五年の秀作『はつ恋』では仁科明子（現・亜季子）と井上純一、二谷英明父子の三角関係を美しく、痛覚とともに描き上げていた。小谷はトム・コタニ名義でアメリカで『極底探検船ポーラボーラ』（円谷プロとの合作。七七年劇場公開）などのテレビ映画を撮ったり、七八年の『ピンク・レディーの活動大写真』、七九年の百恵・友和映画『ホワイト・ラブ』など売れっ子のアイドル映画を任せられたりと息の長い活躍を経て、現在もなおテレビ映画を演出し、ひし美ゆり子とも親交を保っている。

このほか、三二年生まれの西村潔は、六九年『死ぬにはまだ早い』で監督昇進、七〇年『白昼の襲撃』『豹《ジャガー》は走った』、七二年『ヘアピン・サーカス』など、あきらかに新世代的なクールな切れ味を感じさせるニューアクションの佳篇を堪能させてくれたが、七九年の傑作『黄金のパートナー』以後はなかなか本来の資質を活かす場にめぐりあえず、晩年はテレビドラマ中心となり九三年に自殺。西村は、ひし美が結婚前に最後のレギュラーをつとめた七六年のＮＥＴ（テレビ朝日）のドラマ『大非常線』のメイン監督でもあった。

ひし美の回想には登場しないが、三四年生まれの渡辺邦彦は七一年『恋人って呼ばせて』で監督となり七二年『制服の胸のここには』『白鳥の歌なんか聞えない』、七五年の『阿寒に果つ』を発表。同じく三四年生まれの松本正志は、七二年に『戦争を知らない子供たち』を撮るも一時オクラになり（今観るとよくもこういう地味でユニークな作品を東宝が作っていたものだと思うが）、七三年にくだんの松田優作を起用した『狼の紋章』を発表。

東宝はこの後も『トラブルマン　笑うと殺すゾ』（七九年）の山下賢章、『さよならジュピター』（八四年）の橋本幸治、『超少女REIKO』（九一年）の大河原孝夫、『モスラ　MOTHRA』（九六年）の米田興弘、『ゴジラ×メガギラス　G消滅作戦』（二〇〇〇年）の手塚昌明と新監督たちを時おりデビューさせているが、まとまったボリュームの専属監督を送り出していたのは七〇年前後までのことであり、菱見は菱見で最後の撮影所専属女優として、その新人監督たちの現場を見届けていたというわけである。こうして撮影所内で徒弟的に映画監督を育成するシステムが途切れてからは、現在の映画界が物語るように、テレビドラマやCM、プロモーション・ビデオ、インディペンデント・フィルムなどの社外の映像製作の現場でノウハウを培った人材が映画監督として乗りこんでくるのが一般的となった。

ただし、こうしてさまざまな映画外の映像メディアで技術を学んでも、長尺の映画作品には監督の腰のすわった視座が求められるので、かつての豊かな時代の撮影所システムが小文字の技術に留まらない作り手の姿勢を習熟するのに恰好の場所であったこと、その喪失感は七〇年代以降、現在に至るまで何十年もの間日本映画にとりついているように思えてならない。

＊

――こうしてさまざまなテレビ映画に頻繁に出演されるようになっても、時々東宝の劇場用映画にも顔を出されていましたね。先述した『颱風とざくろ』の後は、六九年の浅野正雄監督『恋にめざめる頃』の、主演の酒井和歌子さんの同僚のＯＬ役。これは成瀬巳喜男監督『妻よ薔薇のやうに』のリメイクですね。

これはもうあまり覚えていないけど、仲間でスキーに行くとかいう設定で、新宿の喫茶店に集まって話す場面を撮影したかな。

――忘れてはならないのが、東宝のドル箱の「若大将」シリーズですね。そもそもひし美さんは六六年の本多猪四郎監督『お嫁においで』、六七年の岩内克己監督『レッツゴー！若大将』に顔を出されていましたが、印象的だったのは七〇年代に入ってからの二本でしょうか。

そうですね。両方とも青大将こと田中邦衛さんの彼女役。七〇年お正月の岩内克己監督『ブラボー！若大将』では青大将にペディキュアを塗らせて、同じ年の夏の小谷承靖監督『俺の空だぜ！若大将』ではマリリン・モンローふうの派手ないでたちでした。これは助監督時代から知っている小谷監督のデビュー作でした。

——七一年は山本邦彦監督、藤村俊二主演『走れ！コウタロー　喜劇・男だから泣くサ』の馬主の令嬢役、そして石田勝心監督、小林桂樹主演『昭和ひとけた社長対ふたけた社員』ではホステス役。『走れ！コウタロー　喜劇・男だから泣くサ』は、七〇年の夏に流行ったソルティー・シュガーのヒット曲「走れコウタロー」に便乗した喜劇で、藤村俊二さん唯一の主演映画。冴えないダメ青年が騎手となって、廃馬されかけていたダメな競走馬と再起を賭ける話ですね。

七〇年の一一月に大井競馬場でロケしていたんだけど、その最中に三島由紀夫さんの事件が起こったのを知ったのね。この前、久しぶりに大井競馬場に行った時、ああここで三島事件のニュースを聞いたなあって思い出しました。

——この映画の撮影は名匠・岡崎宏三さんでしたが、時には紗をかけてひし美さんを美しいお嬢さんふうに撮ってくれていますね。

ああ、でもやっぱりお嬢さん的な役柄は自分はだめだなあと思った。だって、そういう物腰なんかには演技だけではなくて、もともとの育ちや暮らしぶりが出ちゃうからね。藤村俊二さんと二人で高級レストランで食事をする場面で、どうしてもお上品な雰囲気が出ないものだから監督にしたたかに怒られました。以後、女優は本物のお嬢さんがやるべきでは、というのが私の持論。だって、ハイソな世界は実体験がないとなかなか難しいけれど、貧しい底辺の役柄はなんとか想像で出来るんじゃないかと思うんですよ。汚い手で握り飯をパクつくような演技は、誰にだってできるんじゃないかな。

——なんでもこの馬主令嬢の役は、当初は柏木由紀子さんが演ずる予定だったのに、『走れ！コウタロー　喜劇・男だから泣くサ』の併映作で花登筐《はなとこばこ》さんが製作・脚本・監督をやった『喜劇　おめでたい奴』の方に柏木さんが取られることになって、また急遽ひし美さんに声がかかったとか（笑）。

そうなのよ、またピンチヒッター（笑）。アンヌの時の豊浦美子さんの件もそうだけど、私なんだかそういうのが多いのよね（笑）。そういえば、さっき三島事件の話をしたけれど、あさま山荘事件の時もよく覚えてるな。七二年の二月に東宝にギャラを貰いに行ったんですよ。もっと事件の生中継をテレビで見ていたいんだけど、その日に行かないと土日にお金がなくなるから、後ろ髪引かれる思いで出かけたの。

——新宿騒乱事件、三億円事件、三島事件、あさま山荘事件と、この頃は昭和史に残る大事件が続々と起こりましたね。ちなみに、そのギャラの受取については面白い逸話がありますよね。

そうそう。受取に判子を捺《お》さないといけないんだけど、慌てて行ったので判子を忘れた。でも、「菱見」というのは余り無い名字だから三文判では売ってないの。だから、「菱沼」と「辺見」という二つの三文判を上下巧みに半分ずつ小切手に捺すのね（笑）。もうドキドキしちゃった（笑）。なぜかその日に限っていつもは一〇万くらいのギャラが三十数万くらいあって、数える時に手が震えちゃって（笑）。その時、たまたま竜崎勝さんが後ろにいたんだけど、どうしたのかなって思われたかも。

――「若大将」シリーズはどんな感じでしたか。

だいたい自分は青大将の恋人とか、加山さんではなくて田中邦衛さんと絡む役だったじゃないですか。でも田中邦衛さんとはお話しした記憶がないですね。加山さんともそんなには。「若大将」はいくつも演《や》っているから記憶が混ざっちゃうんですよね。同じような役まわりばかりだし（笑）。最後の小谷（承靖）監督『俺の空だぜ！若大将』ではモンローみたいないでたちで田中邦衛さんとアドリブやるシーンがありましたが、あれは緊張すると〝何かやんなきゃいけない〟と思って、ついアドリブやっちゃうわけなんです。〝なにこの髪～～〟（と実演）って。岩内克己監督『ブラボー！若大将』の私が下剤を飲むシーンなんか面白かったよね。

——今もお親しい小谷承靖監督は、どんな監督ぶりだったんですか。

小谷さんは助監督時代から知っていましたし、監督になられてからも二、三度仕事をして、ずっとお優しい方だなあと思っていたら、この前、今は監督になった当時の助監督さんが〝いや、けっこう怒鳴って怖かった〟っておっしゃっていて意外でした。私たちにはそんなところは見せなかったから、スタッフには厳しかったのかもしれないですね。

——小谷監督は作風も洒脱ですがご本人も未だおしゃれですね（笑）。

ええ、あれで小谷さんは大江健三郎と東大仏文の同期なのよ（笑）。小谷さんがずいぶん若く見えますよねえ。スタイリストだから、最近もスリットの入った細いジーンズなんかはいてらして。小谷さんや田中寿一さんは、助監督時代にカチンコ叩いても目立つ人で、よく覚えていますよ。

——小谷さんの現場はなごやかだったんですか。

そうですね。細かいことおっしゃらないで、気持ちよく演らせてくださいましたね。

——この時期の『ひらヒラ社員　夕日くん』（七〇年）や『昭和ひとけた社長対ふたけた社員』（七一年）といった作品で何か思い出は。

いやあほとんどこのへんは記憶が飛んでますね。だいたいバーの女で会社に勘定を取りに行くとか、そんな役ばかりでしたから（笑）。『昭和ひとけた社長〜』は田島義文さんとダンス踊るところがありましたねえ、なんてファンの人に言われて〝そうだったなあ〟とようやく思い出す始末で（笑）。その前の『クレージーだよ天下無敵』（六七年）なんて、出番がカットされちゃったんですよ。

――中では東宝専属時代の最後の作品『地球攻撃命令　ゴジラ対ガイガン』（七二年）は、空手を使う男まさりのヒロインで目立っていましたね。

あれは当時の作品の中では割りと目立つ役でしたね。空手を使うお姉さん役。石川博さん、村井国夫さん、梅田智子さん、そして私が主要メンバーでした。そう言えば、NHKのあの有名なドラマ『バス通り裏』に近所のお兄さんみたいな役で出ていた高島稔さんが出ていて、私はいつも『バス通り裏』を見てたから、ああこんな人と共演できるんだァと思ったたな。その後、高島さんはあまり見かけなくなりましたけれど。漫画家役の石川さんが私をモデルにして怪獣を考えたりするところもありましたね。ドラマの『天下の青年』で厳しかった福田純監督が、ここで再会したらとても優しかったんです。いくらか経験も積んだから少し女優として認めてくださったのかな。この作品は、七二年公開ですけど、クランクアップの記念写真によれば七一年一一月二日には本篇は早々と撮影が終わっていますね。その後、特撮や合成の仕上げをやったんじゃないですか。

——立ち回りもやっておられましたね。

ええ、ゴジラタワーの中で空手で宇宙人と戦うところ。けっこうアクションも練習させられました。まあ後の『プレイガール』につながる場面ですね。

——共演の村井国夫さんたちは、遠くの怪獣を見る「特撮目線」がなかなか出来なかったとか。

まあかなり特殊な演技ですからね（笑）。たまたま私は『ウルトラセブン』を演っていたので、それはまあまあ慣れていました。

——公開は翌七二年の春休みですね。

封切の時、知り合いの子供たちを連れて渋谷の映画館に観に行ったんです。そうしたら、私が出てきたところで、暗がりから〝あ、アンヌ隊員だ！〟って子供の声が飛んで、びっくりしました。もう『ウルトラセブン』の本放送からは四年半くらい経っているし、髪もアップでパンタロン姿だし……よくわかるなあと感心しました。奇特なお子さんもいるものだと（笑）。私の中ではとっくに終わって忘れていることでしたからね。その頃、巷でアンヌ隊員ってコトバを耳にしたのはこの時ぐらいですよ。

——当時は『帰ってきたウルトラマン』を筆頭として第二次怪獣ブームが沸き起こって

『ウルトラセブン』も盛んに再放送されていたから、子どもたちにとってアンヌは全く過去のものではなかったのでしょうね。さて、この作品を最後に七二年の三月三一日をもって東宝との契約が切れるわけですが、この時は会社側とはどんな遣り取りがあったのでしょう。

いえ急に〝菱見くん、いいプロダクションを紹介するよ〟なんて言われるわけです(笑)。それで、〝あれ？　もう終わりなんだな〟と思った。まあ今でいうリストラですよ。その後、森次晃嗣さんが所属していたNACという事務所を教えてくれましたが、私は入りませんでした。なぜかというと、私は女優ってあまり好きじゃなかったから、もう辞めようと思ってたの。

――女優という職業にそんなに執着はなかったんですね。

私、あまり緊張したりするのが得意じゃなく。女優という仕事も〝お給料もらって食べられたらいいや〟ってなもので、本当にこだわりなしなんですよ。撮影が終わって〝お疲れさまでした～！〟って言う時が一番嬉しくて(笑)、本当に女優としての職業意識が低かったなあ。自分で〝BG女優〟(BGはビジネス・ガールの略。OLが言葉として定着する前に使われていた)って言ってたぐらいですからね。辞めたって、どこかに就職してお給料稼げばいいし……と思っていたんです。

＊

一九七二年の三月三一日、東宝との契約が切れたことによって、菱見百合子はフリーランスになる。最後の撮影所女優という看板もここで返上となった。前年には大映が倒産し、少し前までは石原裕次郎、小林旭、吉永小百合のスター映画で羽振りのよかった日活もロマンポルノ路線に転換……と、まさに邦画界を激震させる「事件」が相次いでいた。

ここで、一九一一年生まれで、東宝を代表するヒットメーカーであり、職人監督であった本多猪四郎監督（菱見が小さな役で出た加山雄三主演『お嫁においで』の監督でもあった）が、生前私に語った言葉がフラッシュバックした。その発言を収めた拙著『グッドモーニング、ゴジラ　監督本多猪四郎と撮影所の時代』（筑摩書房。国書刊行会より復刊）から引用する。

〈僕は社員ではなくて契約だったわけだけど、はっきりと「もう君とは契約しませんと言われたんです。森（岩雄）さんは「これからのシャシンは一本一本（田中）友幸さんと相談してやって下さい」と言ってましたけど、これははっきり言えば「東宝はあなたのシャシンは要りません」ということですよ。まあ製作者どうしのやりとりがいろいろあって、監督に対してもさまざまな思惑があったのでしょうけど、余りにも「特撮は本多」という言われ方をされたので「何だ?!」という気持ちを持つ人もどこかにいたんじゃないかな。それは憶測だけど、そんな情況はあったと思います。でもまあ、「あなたは要りません」と言われればそれまでなんですよ。契約者なんですからね。〉

通常はきわめて紳士的な物言いしかされない本多監督が、さすがに『ゴジラ』をはじめとする東宝特撮映画で円谷英二とともに粉骨砕身、さんざん会社のために稼いできた自分に対して、かかるリストラはあんまりではないかと語調が厳しくなった。そして実にこれは、まだ一九六五年のことである。

コンテストの審査委員長として菱見百合子を東宝に招いた山本嘉次郎監督にかつて黒澤明、谷口千吉とともに師事し、戦前のP・C・L映画製作所の時代から東宝映画に奉公してきた本多監督にしてからがこういう処遇なのだから、それからより邦画興行が絶望的になった七〇年代にあっては、もう菱見も文句のいいようがなかったことだろう。

『ゴジラ対ガイガン』撮影時。スタジオの外で空手の練習。

――というより、もともと自らを「ＢＧ女優」と呼んで笑っているような菱見百合子は、ここはもうさっぱりと女優も廃業してしまおうか、というぐらいの（いかにも大らかな彼女らしい）気持ちであったらしいのだが、ここでまた東宝の専属時代には降ってこないようなオファーが舞い込んで、彼女はまた思わぬかたちで時代を「反射」することになる。

第四章——

ゆり子

裸体という表現

成人映画と「ひし美ゆり子」の誕生

東宝との契約が切れて、いっそ女優を辞めようかとさえ思っていた菱見百合子のもとに、旧知の脚本家・松浦健郎《けんろう》から相談の電話が入った。テレビ映画『37階の男』の脚本家であった松浦健郎は、一九二〇年に生まれ、戦前、山本薩夫監督のつてを頼って映画界に入り、戦後は脚本家として東宝と契約を結んだのを皮切りに、各社をまたいで時代劇、喜劇、アクションと量産期の日本映画におびただしい脚本を提供した。

その松浦の相談とは、東活プロというピンク映画の製作会社による、戸川昌子の原作「幻影の牙」を松浦が脚色、ピンク映画の雄・小林悟監督が演出する『鏡の中の野心』という作品のヒロインを演じてくれないか、ということだった。もちろん裸の場面は不可欠である。

東宝からフリーになった瞬間に裸の場面の依頼が来たという偶然は、また菱見百合子を映像表現の時代性を映す存在にしてしまうのである。つまりそれまでの映画における性表現は、群小プロダクションが作って日陰のチェーン映画館で流すピンク映画というゾーンに囲われてきたのであって、当時日活がメジャーな映画会社の配給網で成人映画を上映するということは大きな衝撃を呼んだ。第一章のエピソードにもあったように、六〇年代までは裸そのものを露出しないシャワーシーンですら、おおごとなものとして女優に特別手当が付いたりした。

ところが、六〇年代半ば以降、映画会社の興行成績が傾くに連れて、集客のための見せ場として作中に裸やセックスにまつわる場面、暴力にまつわる場面がウエイトを増していき、やがてその傾向がより徹底されたところに七〇年代の日活のロマンポルノ路線や東映の実録やくざ路線が生まれ、逆にそこから観るべき挑戦的な作品が数多く誕生する。

この『鏡の中の野心』は、かなりピンク映画的な内容でありながら、荒木一郎や内田良平といったキャストも出演し公開も二番館ながら松竹系の劇場であったため（そこには当時の松竹と東活プロの間のいわく言い難い事

テレビ映画『37階の男』の脚本家・松浦健郎と。

情もあったようだが）、ちょうどこういった性表現が映画表現のなかに押し寄せてきた「端境期《はざかい》」をずばり反映した作品であった。

そして、もしもまだ菱見百合子が東宝専属の女優であったら、まず都会的な洗練を売る東宝カラーの中に露骨な裸やセックスをめぐる表現が存在するわけもないので、まずこうしたトライの場所に立つこともなかっただろう。しかし、運命的というべきか、すでに東宝の女優ではない彼女は、また時代に流されるようにこの裸の仕事を経験することになる。

本作に東宝時代の芸名「菱見百合子」で出演するのはまずいということで、役名の「筒見杏子」をもじった「堤杏子」を希望していた菱見だが、確かにポスターでは荒木一郎と接吻する裸身の顔もあまり見えず、「堤杏子」と表記されている。ところが、実際の映画のクレジットでは「ひし見ゆり子」となっており、なんと予告篇では「ひし美ゆり子」（！）なのである。要はいかに杜撰《ずさん》などさくさのなかで製作、興行がなされていたかということを表す珍事なのだが、本篇のクレジットを優先して扱うならば、これは芸名まで端境期的な、たった一本の「ひし見ゆり子」名義の映画である。

そしてまた、この世にもあやしげな作品の予告篇に、しかもひょんな誤りで記されたとおぼしき「ひし美ゆり子」の白文字が、なんと彼女の最終的な芸名となるのである。

＊

――東宝の専属が切れたところに、東活プロの『鏡の中の野心』の話が舞い込んできたんですね。

東宝と切れて無職になってぶらぶらしていたら、『37階の男』の脚本を書いておられた松浦健郎さんに頼まれたんですが、ちょっと断れなくて。松浦さんは日活の石原裕次郎や赤木圭一郎の映画も書いていて、当時は皆が先生、先生と呼んで大御所的な扱いをされていましたからね。ただし成人映画だというので、ちょっと悩みまして。松浦さんが〝ちょっと裸になるところがあるんだけど……〟とおっしゃるので、〝先生、すみませんが名前変えていいですか？〟って、役名の筒見杏子を名乗ったんです。ところが、いい加減なもので、ポスターは「堤杏子」、本篇では「ひし見ゆり子」と全部ばらばら（笑）。まあそれだけ緩《ゆる》く、だいたいで作っていたということなんでしょうね。作品もなんだかまとまりがないし、衣裳も自前だったんですよ。

――監督の小林悟さんが手がけた大蔵映画『肉体の市場』（六二年）は日本初のピンク映画だと言われていますが、今まで東宝にいて、こういう東活プロのようなピンク映画の会社の現場はかなり貧相に見えたのではないですか。

もちろん東宝に比べたら貧しくはありました。東宝みたいに衣裳を自分に合わせて作ってくれるわけでもなく、衣装さんはいるにはいるけど、何着かありものの中から選んでね、という感じでしたから、この時はずっと自前の衣装でしたね。そんなふうでも、その後のVシネマの現場なんかはもっとひどかったから、もう少しちゃんと映画らしい感じはありましたよ。

——そういえば、この作品の助監督に「高橋伴」とあるのは高橋伴明監督だと思いまして、高橋監督に伺ったら確かにそうだと。ただし、この作品の時は自分は荒木一郎さんをお世話する係で、そちらで手いっぱいでひし美さんとの接点がなかったそうです。

ああ、そうですか。高橋監督は、調布で主人がやっている台湾料理店に時々来てくださっていたようです。荒木一郎さんもある時期からお姿見かけませんけど、どうなさっているのかな。この映画では私が有名な美容師で、荒木さんの詐欺師が接近してきて騙そうとたくらむけど、どんでん返しがあるのよね。『鏡の中の野心』は、こっそり親にも内緒で出ていたからあまり観なおそうとは思いませんでした。

——当時の松竹が東活プロに二番館、三番館用のピンク作品を請け負わせ、けっこうな額で買い取って配給していたことにはさまざまな裏事情があったと言われていますが、おかげで今や過去の東活作品は観ることが難しくなっています。『鏡の中の野心』は、ひし美さん

のアンヌ・ブームに乗って幸い発掘されましたが。

ああ、そんないわくがあるんですね。ＤＶＤ化する時も、普通に松竹に交渉したらそういうプリントはないって言われたそうで、私が野村芳太郎監督のご子息の芳樹さんを知っていたから、そちらにお尋ねしたの。ところが野村芳樹さんは、『鏡の中の野心』をやっていた七二年四月に松竹に入社して、どこかの劇場に配属されて最初に興行にかかわったのが、この映画だったのね。だからよく覚えていて下さって、話がとんとんと運んだんです。『鏡の中の野心』は断り切れずにこっそりと出演して、当時も観ていませんでしたから、ようやくこのＤＶＤで再会することができたんです。

――しかしこの作品を発掘したことで、なかなかいいお話があったそうですね。

ええ。亡くなった小林悟監督の奥さまが、このＤＶＤ化をいたくお喜びになって、監督の何回忌かで引き物にしたいとお買い上げになったんです。ええ?!　十八禁の引き物でいいのかしらって大笑いしました。

――小林監督の法事の引き物が十八禁のＤＶＤというのは、それはまたいいお話ですね(笑)。それにしても、「ひし美ゆり子」という芸名は、この『鏡の中の野心』の予告篇が発祥なのですか。

いえいえ、その予告篇はたまたま誤植で「ひし美ゆり子」になっていたのでしょうし、私も当時はそれを観ていないんですね。「ひし美ゆり子」の芸名は、東宝を辞めてフリーになったから気持ちを一新して付けたんですが、実はかつて父が蔵書に夏目漱石の雅号にあやかって「ひし美枕流」と署名していたんです（笑）。

——それはまた風流なお父様でしたね。漱石の号は、「漱石枕流」（石に漱《くちすす》ぎ流れに枕す＝屁理屈好きで負け惜しみが強い）の故事から来ているわけですが、お父様はその後半を名乗っていたんですね。さらにその「菱見」を「ひし美」と小粋に砕いたところを活かして、ひし美さんが芸名にした。

そういう事なんです。そう言えば、こんな裏話は今までにしたことがありません。

——ようやく「ひし美ゆり子」の起源が判りました（笑）。

＊

そんな『鏡の中の野心』は、一般映画のようでありピンク映画でもあるような、いささか面妖な作品である。物語は、荒木一郎扮するジゴロの詐欺師が美容業界の対立を利用して、共犯のカリスマ美容師「ひし見ゆり子」ともども、まんまと私怨をはらし、莫大な富を手に入れるも、意外などんでん返しが待っているという内容で、松浦健郎が職人芸的にまとめた快調なストーリーの随所に、東映の異常性愛路線やピンク映画で鳴らした女優さんたちの濡れ場がふんだんに盛り込まれる。

「ひし見ゆり子」もオールヌードで海岸を走るラブシーンを始め、奔放な裸の表現があり、これがあのアンヌ隊員かと思うとかなり衝撃的だったようにも思うが、あまりにもひっそりとした公開だったため、それが評判になることもなかった。

本作を監督した三〇年生まれの小林悟監督は、新東宝傘下の歌手・近江俊郎のプロダクションに助監督として入ったのをきっかけに、新東宝倒産後の大蔵映画でエログロ怪談映画『沖縄怪談・逆吊り幽霊／支那怪談・死棺破り』（六二年）など数々の見世物的娯楽作を撮っていたが、同じく六二年に『肉体の市場』を放ち、これを「ピンク映画第一作」とするのが定説になっている。六〇年代半ばからは海外を放浪、台湾でも映画を演出したが、七二年の帰国後間もない頃に撮ったのがこの『鏡の中の野心』だった。かなり異色の経歴だが、しかしピンク映画的な性表現の技巧というのは、確かに邦画五社の専属監督では手に負えない独特なものがあり、こうしたメジャー外の才能に待つ分野ではあったに違いない。

ヌード流出事件と東映のオファー

――『鏡の中の野心』が終わって、いわゆる「プレイボーイ」事件が起きたのはこの後ですか。

そうそう。東宝のテレビドラマを取材に来たフリーのカメラマンが、私にプライベートでヌードを撮らせてくれと懇願してきたんです。〝東宝はそういうのにうるさいから〟と断ったんですが、その後一年ぐらいしつこく聞いて来るので、東宝を退社した時に〝仕方ないや〟と思って飽くまで一対一で個人的な記念のつもりで撮らせてあげたら、彼が無断でその写真を週刊「プレイボーイ」に売ってしまって。

――ある日突然ご自分のヌードが週刊誌のグラビアになって全国で売られているという……。

そうなんですよ。〝アンヌ隊員が脱いだ〟みたいなふれこみでヌードが載った。私はもう憤慨するのを通り越して呆然となって。これはさすがに母にもバレて、〝もう恥ずかしくて買い物にも行けない〟なんて怒られました。

――ところが、本来は東宝を辞めた空白期間であったはずなのに、このヌードを見たプロデューサーたちから続々と出演のオファーが舞い込んだ。

だから運命というのはわからないものですよ。当時は麻布十番に女友達と住んでたんですが、その家にじゃんじゃん電話がかかって来たんです。まず東映の吉田達プロデューサーから「不良番長」シリーズに出てくれと依頼があった。私はもう東宝と切れた後は女優を辞めるつもりでしたからマネージャーもおらず、この最初に来たお話を受けたんです。ところがその直後にＡＴＧで新藤兼人監督が撮る谷崎潤一郎「春琴抄」の主役の打診があって、もうこんな文芸作品のオファーなんか来ないだろうから、ぜひこちらを演りたいなあと思いまして。

――「春琴抄」は『讃歌』というタイトルで映画化されましたが、あの春琴の役はひし美さんがやっていたかもしれないのですね。

そうなんです。女優なら誰しもそうだと思うのですが、私もそれは春琴のほうがいいなと思って、東映に断りを入れたんです。そうしたら、〝先に出演依頼をしたのはこっちなんだから、それを断るような不義理をしていると業界で生きていけないぞ〟と脅かされて（笑）、結局「不良番長」を引き受けることにしました。でも、もし春琴が実現していたらまたその後の道も変わったんでしょうね。

＊

「菱見」と「ひし見」を通過して、ここからは晴れてひし美ゆり子と呼ばせて頂くが、『鏡の中の野心』でひし美が経験したのは、東宝専属の時代にはあり得ない、女優が自らの裸体にもの言わせてエロスを表現する領域だった。ピンク映画から日活ロマンポルノへと（いくつかの猥褻《わいせつ》性をめぐる裁判を経て）裸の演技はじわじわと市民権を得るようになり、背に腹はかえられない困窮する映画会社もエロスを売りにすることが盛んになった。

いったんはクラシックな撮影所女優のまま看板を下ろそうと思ったひし美は、芸名を変えて秘《ひそ》かに成人映画に出たことで今までの引き出しにはない裸体の表現を知ったことだろう。もっともこれは行きがかり上の内緒の出演だったので、こういう路線で女優を続けていくことなど全く念頭になかったに違いない。

そんなひし美が、プライベートでカメラマンに乞われて好意で撮らせたヌード写真を男性週刊誌に「アンヌ隊員、脱ぐ」のふれこみで売られてしまったこと、そしてそれが思わぬきっかけとなって裸体のエロスで勝負する第二の女優人生をスタートさせることになったというのは、いかにも興味深いことである。ひし美は、またしても、映像メディアの、そして性表現をめぐる通念の変遷に巻き込まれ、虚心に流されてゆくのである。実は、七〇年代の女優の裸にすがることが多かった貧しいプログラム・

69年夏ごろのイメージフォト。

ピクチャーでデビューした女優たち、秋吉久美子・桃井かおり・原田美枝子・高橋洋子……といった世代は、映画内だけに留まらないグラビアにおける性的なビジュアルの露出によって女優としてのイメージに大きな影響を受けている。

たとえば秋吉久美子にその当時の感覚を尋ねたら、映画という物語によって創造する自らのイメージに、文脈なしに割りこんでくる裸像のグラビアなどとの折り合いのつけ方には悩まされたと語っていた。さらに後続の樋口可南子のような世代になると、逆に自らがそういったグラビアや写真集というメディアを要所要所で利用して、女優イメージの組み換えを行っていたが、ひし美の世代はどちらかといえばグラビアによってイメージを翻弄されていたに違いなく、特にひし美はプライベートのヌードを発行部数の多い男性週刊誌に載せられてしまうという、まるで絵に描いたような「翻弄」に見まわれたのだった。しかも、裸のエロスといっても、まずＡＴＧのアート的な表現を選ぼうとしたそばから、強引に東映プログラム・ピクチャーのごつくエグい表現の方に引っ張られて行ってしまったのが、いかにもひし美らしいなりゆきだ。

ちなみに、ここで東宝カラーに対する東映カラーについてふれておこう。阪急電鉄をバックにした東宝に対し、東急電鉄の肝煎りで、一九五一年に発足した東映は、五〇年代の映画最盛期には片岡千恵蔵、市川右太衛門から中村錦之助（のちの萬屋錦之介)、東千代之介に至るスターを繰り出した東映時代劇で一世を風靡、六〇年代に入って一時は集団時代劇路線で新味を加えてしのぐも時代劇は退潮、これを受けて鶴田浩二、高倉健、藤純子らによる東映任俠路線のヒット作が量産された。六〇年代いっぱいは何とか保たれたこの任俠物の人気も下火になり、七三年初頭の『仁義なき戦い』に始まる実録やくざ路線の大ヒットで東映はようやく息を吹き返す。

　東映は都会的なインテリ志向の東宝カラーとは一線を画し、ごくごく大衆的な勧善懲悪の娯楽作を時代劇から任俠物へと変奏してきたが、その通俗の中にはある種の様式美や情緒が貫かれていた。いわば、六〇年代後半からのエログロ時代劇や七〇年代の実録やくざ路線は、邦画の容赦ない凋落にきわどいエロスやバイオレンスを売り物として歯止めをかけようという必死さの産物であり、東宝カラーが変質していったのと同様に、東映なりの様式美は崩れ、えぐさ、どぎつさが追求されるようになっていった。

　ひし美が東映に招かれたのは、ちょうど『仁義なき戦い』が登場する直前のことで、任俠物が飽きられた中、三五年生まれの野田幸男監督による「不良番長」シリーズは貴重なヒットシリーズとなっていた。野田は全一六作にもなった好評シリーズのうち、ほぼ監督デビューと同時期から通算一一作を手がけた。「不良番長」シリーズは、梅宮辰夫扮する神坂弘と彼の率いる不良集団「カポネ団」が、ワル同士のダーティな闘いの末に敵のやくざたちをやっつける、という悪漢ドラマで、初期はいくぶんシリアスな雰囲気だったが、次第に戯作的なギャグが頻出するコメディタッチに変化していった。

そして、男性週刊誌のヌードで見そめられて熱烈に出演交渉されたひし美が最初の東映作品『不良番長　一網打尽』（七二年）で求められたのは、まずはその裸を存分にさらした見せ場づくりであった。本作を観るとあまりにもその意図が明け透けで苦笑を禁じ得ないが、これも当時のせっぱつまった興行側の気分を映すものだろう。続く同年の『不良番長　骨までしゃぶれ』などは、まあ呆然とするほどくだらないギャグとわずかばかりのメロドラマで押し切ったスラップスティックであったが、現場の監督は意外にも物凄く厳しかったというから面白い。

＊

――傑作『0課の女　赤い手錠《ワッパ》』（七四年）で知られる野田幸男監督は「不良番長」シリーズの担い手であったわけですが、ひし美さんは『不良番長　一網打尽』『不良番長　骨までしゃぶれ』の二本に登場されていますね。

野田監督は厳しかったな。私は当時のゴーゴークラブなんか行かないで赤ちょうちんで飲んでるようなタイプだったので、普通若い人がやるような踊りが身についていなかったんですよね。だから、踊りのシーンでは野田監督に〝おまえ、そんなことも出来ないのか！〟って怒られちゃいました。それに、いつも東映に出てる女優さんなんか、梅宮（辰夫）さんに〝お兄ちゃ〜ん！〟とか甘えたりするんだけど、私へんにそういうところクソまじめだから出来ないのよね。みんな凄いなあと思って。

――とかく媚《こ》びたりすり寄ったりする人が多そうな芸能界で、万事なれなれしくすることに抵抗を禁じ得ないひし美さん、というわけですね（笑）。

いやあもうこういう性分は一生のことかもしれないですね。昔たとえば実相寺監督を避けまくっていたら〝君は僕を避けていたでしょう〟ってバレていましたし、最近になってさえ、飯島（敏宏）監督が私のお店に見えたら避けてましたから（笑）。

――それはどういう感覚なんでしょうね。

昔の先生と生徒みたいな関係が心の中で変わらないんですよ。それは自分が女優として全く自信がないから。もっともっと勉強なさってる女優さんならきっと対等に話せるんでしょうけれど（笑）。昔からシナリオや資料で下調べも何もしないで現場に行くわけですから、そりゃあ監督が怖いわよねえ（笑）。本当に勉強嫌いだったんですね。

――「不良番長」に話を戻しますが、監督は厳しかったけれど、あのレギュラーメンバーで続いていた現場はファミリー感があったのではないですか。

そうですね。梅宮さんに山城新伍さん、安岡力也さん、鈴木やすしさん……と個性派の集まりでした。実はあの撮影の頃にケンタッキーフライドチキンが日本に開店して流行ってたんです。だから俳優さんたちが〝あのハトポッポのごはん買って来て〜〟とか若い子に頼んで駅まで買いに行かせてましたね。〝ハトポッポのごはん〟ってコールスローのこと（笑）。撮影終わってからも、皆で梅宮さんのところに生まれた赤ちゃんを見に行こうって参宮橋だか代々木上原の個人病院に行ったりしましたよ。それが梅宮アンナちゃんだったんですね。

――しかしそんなメンバーで和気あいあいと作っている「不良番長」は両作とも、全篇ナンセンスな活気に満ちています。

そう、演出もけっこう大胆というかはちゃめちゃで、これでお客さん怒らないかなあと（笑）こちらが心配になるほどでした。もうアドリブ満載で……とは言うものの、この前、銀座シネパトスで久しぶりにお客さんと一緒に観たら、あまりにもくだらなくて長くて困っちゃって（笑）もう皆さんに謝っちゃいました。

――でもあんなに荒唐無稽な遊びに全篇徹底できるのは凄いと思います。そんな中にも『骨までしゃぶれ』のひし美さんと藤竜也さんの絡む部分はノーマルな純愛物でしたが。

藤竜也さんはもうあのまんまの方で、そっぽ向いてボソボソッと言うような、そこが素敵だったんですね。普通に誘うんじゃなくて、〝今日はどうやって帰るの〟みたいな事をボソッとおっしゃるような感じでしょうか（笑）。私は一度もご一緒に帰ったことすらありませんが、後に『プレイガール』で共演した時なんか江崎実生《みお》監督に〝ここでキスしちゃいますから〟って勝手にラブシーン作っちゃいました。これがもしかすると、藤さんと本番やってたかもしれないわけですからね……。

大島渚から『愛のコリーダ』主演を打診される

この話が出たところでいささか順不同になるが、こうして運命の気まぐれで裸の演技を求められ始めたひし美ゆり子に、この時代の性表現の可能性をとことん追求して騒然となった大島渚監督『愛のコリーダ』への出演オファーが舞い込んでいたのは、これまた象徴的な出来事である。阿部定事件をモチーフにした日仏合作の『愛のコリーダ』は、フランスから生フィルムを輸入して京都で撮影、未現像フィルムをフランスに送って仕上げを行うという人を食ったアイディアによって、わが国の性表現規制を切りぬけようとした挑戦的な作品であった。

結果、日本ではずたずたに修正を施したバージョンのみが公開されるも、七六年のカンヌ映画祭監督週間で上映された本来のバージョンは旋風のごとき驚嘆と賞賛の対象となった。そして国内では、作品自体を取り締まることが不可能なので、シナリオと比較的無難なスチルを掲載した単行本がスケープ・ゴートとして摘発され、「愛のコリーダ」裁判が始まった。大島は、従来のこの種の裁判が陥りがちな「芸術か、猥《わい》褻《せつ》か」論争を避け、「猥褻なぜ悪い」という論点で争い、結果無罪を勝ち取った。

全く修正を加えていない『愛のコリーダ』は、性と生の寿《ことほ》ぎをひじょうにおおらかな、時としてユーモラスな眼差しでとらえ、その向こうにある死の寂寞《せきばく》をも静謐《せいひつ》に見つめようとする、煽情性どころかある気高さに貫かれた傑作だった。あの定と吉という運命的なカップルを、気心の知れたひし美ゆり子と藤竜也が演じていたら、いったいどんな作品になっていただろう。おそらくそれはそれで今存在する『愛のコリーダ』に勝るとも劣らぬ傑作が生まれていたのは想像に難くない。

だが、ここまで飄々と時代に「流されて」きたひし美ゆり子が、なぜか一度だけ「流され」なかった。ひし美は、後にふれる『メス』（七四年）で親しくなった監督の貞永方久《まさひさ》に出演すべきか否かを相談する。ちなみに三一年生まれの貞永が松竹大船に入社した頃、ひと足早く助監督となっていた大島渚には大いに影響を受けたと語っているが、大島が五九年の『愛と希望の街』で監督デビューした後、六〇年に『青春残酷物語』『太陽の墓場』『日本の夜と霧』と過激なる問題作を連打して退社したのに対し、貞永は七一年の『黒の斜面』や七四年の『流れの譜』のような穏健な娯楽作の職人監督としてホームの松竹にとどまり続けた。貞永の助言は、いかにも予想を裏切らないものだった。

＊

――ひし美さんに大島渚監督『愛のコリーダ』の阿部定のオファーが来ていたというお話ですね。あの作品は本邦初のハードコアポルノとしてセンセーショナルな評判を巻き起こしましたね。

たぶん私の前に何人も候補に当たって断られていたんじゃないかと思うんですが、私にも話が舞い込んで。大島監督とは喫茶店でお会いしましたが、特に何も言われずシナリオだけ渡されました。どうしようかと悩んで、昔同じ松竹だった貞永方久監督に相談したら〝それはとんでもないよ！〟と止められました。

――『愛のコリーダ』は結局松田瑛子（当時・英子）さんというどちらかといえば一見和風で地味な、でも芯は強い感じの女優さんが起用されましたが、もしも当時のひし美さんのようにカラッと陽性な色香のある方が演じていたら作品のおもむきもずいぶん変わったのではないでしょうか。しかも、気心の知れた藤竜也さんがお相手とあらば、なおのこと明るい映画になったのでは、と思います。あの作品は性の官能にのめってゆくことのめでたさと、その向こうにある死のおもかげをとらえようとした作品ですから、ひし美さんの個性はとても合っていたはずなんです。観たかったですねえ（笑）。

いやいや（笑）。でも本当に演ってたら、その後の人生はどうなってたのかしらねえ。

――そういえば、ひし美さんは成人指定の映画には何本か出演なさっていますが、ちょうど七一年にスタートして、この当時監督も女優も凄く活気のあった日活ロマンポルノから誘いはなかったのですか。

実は何度もあったんですけど、私みたいに昔の撮影所専属から始めた女優にとっては、どうしても「ポルノ」とはっきり銘打たれると抵抗があって、お断りしていたんです。やっていること自体は東映と同じかもしれないし……いや、東映より素晴らしかったのかもしれないけれど（笑）、ロマンポルノというレーベルで区別されて、ポルノ女優と言われるのが嫌だったんです。私は普通の女優の仕事と、そういうお色気的な演技を求められる仕事の両方をこなしていたけれど、この頃「ポルノ女優」という言葉が流通するようになったおかげで、私も乱暴にそう要約されることがあって傷ついてたんです。だから、同じ東宝の中川さかゆさんが日活ロマンポルノのスターに転じた時はびっくりしたんですよ！

――中川さかゆさんは成瀬巳喜男監督の『乱れ雲』（六七年）にも事故を起こした加山雄三の左遷先の事務員の役でちらりと顔を見せますが、後に中川梨絵の名で日活ロマンポルノにデビュー、神代《くましろ》辰巳監督『恋人たちは濡れた』『女地獄　森は濡れた』や田中登監督『㊙女郎責め地獄』といった傑作の数々で主演なさいました。

中川さかゆさんはニュータレントの一期下で、仲もよかったので凄いなあと思いましたけれど、ちょっと自分には真似が出来ないなあと。最近になっても、あの女優の幻のロマンポルノを復刻！　なんて新聞広告が大きく出たりするじゃないですか。あいうのを見ると、やっぱり自分が出なくてよかったかなと（笑）。でも、ロマンポルノにも出た小松みどりさんにそういう話をしたら、〝それは自分が納得して出た仕事のひとつなんだから全く平気よ〟と言われて、女優たるもの本当はそう思うべきなんだろうなあとは思いました。

異才・石井輝男監督の高貴な現場

ひし美ゆり子は、撮影所女優にはあり得なかった裸の演技を許容しつつも（『愛のコリーダ』のハードコア演技はいささか極端なケースとして）、明らかに「ポルノ」として真っ向から裸を売ってゆくというレッテルには拒否反応があったようだ。それゆえに、日活ロマンポルノがポルノ的要件を逆手にとって作家的な傑作を生んでいるということを理解しつつも、「ロマンポルノ」と予《あらかじ》め名付けられたものに出ることには抵抗があった。

映画のために脱ぐことを厭わなかったひし美ゆり子だが、そこにはいわゆる「必然性があれば脱ぐ」という貞操観念が働いていたわけで、やはりひし美は一見奔放に「流され」ながらも、そういう意味で、クラシックな撮影所女優の側の立ち位置を守っていたといえるだろう。ともあれ、この後にふれる『ポルノ時代劇　忘八武士道』（七三年）などを観れば、「必然性」のスイッチが入った時のひし美の脱ぎっぷりは、そういうひし美の建前を通過して、後続世代の撮影所外の女優たちの奔放さにつながるものではあった。

＊

――「ポルノ」は厳しいなとおっしゃるひし美さんですが、七二年の「不良番長」シリーズの後は、翌七三年二月公開の石井輝男監督の『ポルノ時代劇　忘八武士道』に出演なさっていますね。

この映画は志高い監督の映画なんだから、「ポルノ時代劇」は余計ですよねえ！（笑）それにこういうサブタイトルは後になって付けられちゃうので困るんです。

――『忘八武士道』は、吉原遊郭で暗躍する鬼畜外道の無頼の徒が悪辣《あくらつ》な権力相手に暴れまわる痛快でナンセンスな時代劇。石井輝男監督のキッチュな美学が満載の異色作ですが、この時期のひし美さんのひとつの代表作でもありますね。この作品へのオファーはどういう経緯で来たものなんでしょう。

グラビアですね。この頃、たくさんの雑誌のグラビアのオファーが来ていたんです。でも、親の目があるので（笑）、ヌード絡みのものはほとんど断っていたんです。引き受けたのは「平凡パンチ」のコート・ダジュールで撮ったグラビアと表紙を飾った水着の写真、「プレイボーイ」でグアムと軽井沢で撮ったグラビア……実はたったこの四回なの。実際のオファーは、この十倍くらい来てました。

――もっともっと数多くのグラビアでセクシーな魅力をふりまかれていた印象があるので、それは意外ですね。

しかも「平凡パンチ」も「プレイボーイ」も、あくまでセミヌードという約束だったから（笑）受けたんですよ。他の裸のグラビアは東映が宣材として流したもので、後々この頃のヌードが発掘されて騒がれましたけれど、本当にそういう仕事は避けていたし、わずかな回数だったんです。石井輝男監督は、そんなグラビアをたまたまご覧になって〝この人で行きたい〟とおっしゃってくれたようです。この『忘八武士道』を観た関本（郁夫）監督が『好色元禄㊙物語』のヒロインに起用してくださって、その関本さんが深作（欣二）監督に『好色元禄～』を見せて『新仁義なき戦い　組長の首』のヒロインが決まる……という転がり具合ですね。

――そういえば、グラビアはこうして仕事を呼んで来るうえで効果大ながら、この頃、テレビドラマの現場で恥ずかしかったことがおありだとか。

ああ、七二年の日本テレビ『こんな男でよかったら』に単発ゲストで出た時のこと。これは早坂暁さんが脚本で、渥美清さんが自称作詞家に扮する人情コメディー。私にまわってきたのはストリッパーの役だったんですが、なにしろ渥美さんは浅草のフランス座出身だから、ストリッパーの所作とかお詳しくて本当に手取り足とり教えてくれました。だから演技はうまく行ったかもしれないけれど、この頃はCMの撮影などで五回もグアムに行っていたから、肌がやけに真っ黒で（笑）。恥ずかしかったなあ。

——さて、グラビアでひし美さんを見そめた石井輝男監督の作品は、荒唐無稽なエログロナンセンスと濃厚なディレッタンティズムが横溢していますが、どんな雰囲気の現場だったんでしょう。

石井監督はああいう感じの作品を作っておられるわけですが、現場は一種高貴な感じがしましたね。

——高貴というのは素晴らしい表現ですね。それはさらに突っ込んで言うと、どんなところが高貴さを立ち昇らせているのでしょうね。

監督のムードがそうなんですよ。いつも脚本と首っ引きになって、ああこのセットやこの髪型はイメージがちょっと違うなあとか悩んでおられて。そして、この丹波哲郎さんの人斬り浪人・明日死能を守るお紋という女の役は、当初はそんなにたいした扱いではなかったんです。

——明日死能をガードする女性たちはけっこう大勢出てきますが、ひし美さんひとりがぐんと目立っていますよね。

実はこの仕事も当初はお断りしていたんですが、プロデューサーの〝石井監督が役て〟という熱烈な口説き文句に落とされましてを大きくして女性のヒロインにします〟という熱烈な口説き文句に落とされまして(笑)。実際、このお紋という役は、あのボディーガードの忘八者の女たちに紛れてる一人に過ぎなかったんです。でも私が役に決まってから、石井監督が台本を変えて目立つ役柄に変えてくださった。

——ひし美さんの醸す持ち味を、石井監督は大いに気に入られたのでしょうね。かなり重要な役に格上げされています。

ありがたいことなんですが、私はよくその役柄を理解できないから、もうひたすら言われるままにやっていました。出来あがった映画を観てもさっぱり理解できないもの。だってなんで私いきなり外人の女の人に簪《かんざし》使ってあんなことをしているの？(笑) 最後まで意味わかりませんでした。もう監督のおっしゃるままに動くだけのロボットですよ(笑)。

——しかしアクション的な動きもきびきびしてかっこいいですね。

そうですね、殺陣《たて》師がついていますからね。アクションといえば、あの焔《ほのお》に囲まれた明日死能を助けるために私たちが着物のまま火の中を転がっていく場面……あれは当然途中から男性の吹き替えなんですが……不思議なイメージですよね。それにしても、太秦《うずまさ》の東映京都撮影所はスタッフも職人気質の人ばかりだから、まあしごかれましたね。

――そして何よりこの作品では、監督の愛情が反映してか、ひし美さんはとてもきれいで艶《つや》っぽく撮られています。

ありがたいことですよ。実際この『忘八武士道』を観て、江崎実生監督が東宝の『高校生無頼控　突きのムラマサ』に起用してくださったんです。

――そういえば、これは映画ではひし美さんの最初の時代劇なんですね。

あれ？　確かにそうなりますね。でも私はテレビ映画で『鬼平犯科帳』や『弥次喜多隠密道中』とかいろいろ時代劇をやっていたので特別な気持ちはなかったです。ただ、テレビでレギュラーだった『天下の青年』の時にあまり着物が似合わないなあという印象があって、後にこういった映画できちんと着付けしてもらったら〝あ、けっこう大丈夫だ〟と安心した記憶がありますね。

――痛快で奇怪な主人公の浪人・明日死能は、まさに丹波哲郎さんの大きい構えとしゃれっ気あって成立しているような気がします。石井監督晩年の『地獄』（九九年）にも、突如丹波さんが明日死能役で登場するというセルフ・パロディがあって観客から喝采が湧きました。この時の丹波さんはどんな感じでしたか。

とにかくお話が面白くって。〝そ～～なんだよ～～〟みたいな例の丹波節で。寒い時期の撮影だから皆火のあるところに集まるじゃないですか。そこで丹波さんが愉快なお話をしてくださって、〝おーい、この娘たちに何か羽織るもの持って来てやってくれ～〟ってスタッフに優しく頼んでくださったり。後で『プレイガール』でもご一緒しましたけれど、とにかく凄く説得力があるんですよね。映画『007は二度死ぬ』にも出ておられましたが、誰かが丹波さんは物凄く流暢《りゆうちよう》に英語を話されているように見えるけれど、あの方の英語はめちゃくちゃなんだよって言ってました（笑）。

――なにかこう丹波さんのペースで場を巻き込む感じですよね。

そうなんですよ。『プレイガール』の時も台本なんか読まなくて、あまりちまちまと予習なんかなさらずに、もう現場で存在感だけでやってしまうような……まあ大きい俳優さんでしたよね。

――そんな石井監督や丹波さんに囲まれた『忘八武士道』は、けっこういい雰囲気のお仕事だったわけですね。

ええ、共演の伊吹吾郎さんも年上なんですけど元東宝俳優養成所の一期後輩で現代劇所属。東宝現代劇の俳優さんはエキストラまがいの仕事が多くて、なかなかスターになるチャンスがなかった。だから、伊吹さんは苦労して目立つ役をつかんでいった方なのに全くぎらぎらしていなくて、「ゴロちゃん、ゴロちゃん」と親しく呼ばせてもらっていました。

――現場はいいムードだったけれど、宣伝部とやり合うことがあったとか。

そう、宣伝部とはケンカしちゃったな。だって、よくポスターなんかに実際の映画にはないスチルが使われたりするじゃないですか。私もへんなところでまじめだから、〝こんな実際にはないカットなんかできない〟って言っちゃうんです。『忘八武士道』も『好色元禄㊙物語』も、宣伝では本篇にないイメージになっているじゃないですか。

――確かに往年のポスターやロビーカードにつられて作品を観に行くと、〝あれ？　あのシーンはないんだ〟ってがっかりさせられたことは幾度もありますよね（笑）。ともあれ『忘八武士道』は、その後の七〇年代のひし美さんの役柄を決定づけたかもしれませんね。

そうかも知れません。実は『忘八武士道』の撮影が終わった後に資生堂のＣＭのオーディションがあって、その仕事も決まりかけていたんです。ところが、そんな時に男性週刊誌に『忘八武士道』の裸の宣伝写真が出てしまって断られてしまったこともありました。そもそも何かふっきれた気持ちになろうと思って『忘八武士道』を選んだわけだし、そりゃあ資生堂をやっていたら、もう少しメジャーになっていたかもしれないけれど、私はなにかそういうメジャーなものには気がすすまなくて、ちょっとあやしい映画でコソコソやってるほうが性に合ってたんですよ（笑）。

――ちなみに、石井監督といえば高倉健主演のヒットシリーズ「網走番外地」の生みの親でもありますが、その「網走番外地」への出演の誘いを断ったというのは本当ですか？

そうなんです。石井監督ではなく降旗《ふるはた》康男監督の作品で『新網走番外地　嵐呼ぶダンプ仁義』（七二年）なのですが、工藤明子さんが演じたきっぷのいいトラック姐ちゃんの役をやらないかという話が来ていたんです。ところがもう一世一代の痛恨事で。当時は物凄く飛行機に乗るのが怖くて、北海道ロケに飛行機で行くのがいやでお断りしちゃったんです。その後は飛行機もだんだんへっちゃらになったんですが、これは悔やまれましたね。だって、高倉健さんの相手役ですよ！（笑）

＊

二四年生まれの石井輝男は、戦時中に東宝で撮影助手として働いていたが、戦後の東宝争議を経て創立された新東宝に助監督として移籍、五七年の監督昇進後はメロドラマからアクション、ＳＦまで多彩な作品を手がけた。新東宝倒産後は東映に移って六三年の『昭和俠客伝』、六五年の『網走番外地』などドル箱の企画を生み出し、さらに六八年の『徳川女系図』以降は新東宝的なエログロの興趣満載の作品を連作、それらは東映異常性愛路線と銘打たれて観客を沸かせた。この時期には六九年の『徳川

いれずみ師　責め地獄』『江戸川乱歩全集　恐怖奇形人間』、七〇年の『怪談昇り竜』（これはタランティーノ『キル・ビル』にもオマージュが読み取れる）などのディレッタンティズム横溢する奇篇が紛れている。
先述したように、五七年に監督となった石井輝男の監督人生はそのまま邦画が絶頂からどん底に落下する過程に相当し（しかも七〇年代の映画会社倒産を予見するかのような新東宝の倒産にも立ち合い）、それはいわばセックスやバイオレンスをどぎつく売って、なりふりかまわず集客を図ることが要請された時代でもあった。したがって、映画黄金期の東映時代劇やその後を受けた任俠路線には、先述したように東映なりの様式美があったわけだが、石井輝男の役割は演歌的抒情に満ちた任俠路線に対しては荒々しいギャング映画のような『網走番外地』で風穴を開け、古式ゆかしい東映時代劇に対しては裸と性愛描写満載のエログロ時代劇で過激な刺激を注入する、という「様式」の「破壊者」的位置であった。撮影所では「良識」あるスタッフたちがこうした石井のエログロ作品の撮影に反対する動きさえあったというが、石井の凄いところは堂々たる演出力の持ち主でありながら、こういった商業的要請のエログロを真っ向から引き受けて映画の荒唐無稽なパワーに転化するまでにやりきったというところである。石井作品は、エログロを扱うにあたって清々しいまでに露悪的であった。

ひし美が「高貴な現場」と呼んだのも、まさにこの突き抜けた徹底ぶりゆえであろう。そういう意味で、この時期の石井輝男という存在、そして『忘八武士道』という怪作のありようには、当時の映画状況がくっきり映りこんでおり、その中に官能的な魅力をもって召喚されたひし美ゆり子も然りである。そしてまた、この時代のひし美の裸を素材にした映画群にあって、おそらくこの『忘八武士道』のキッチュな美学が最もその表情と裸像の織りなす艶を特に妖しく、不思議に活かしきっていたように思う。

劇画原作映画と『プレイガール』のお色気志向

――さて、次の山下耕作監督『まむしの兄弟　刑務所《ムショ》暮し四年半』（七三年）についてはいかがでしょう。

これは確か京都での一日仕事でしたかね。あまり記憶がない……。

――いえ、けっこうカッコいい帽子をかぶったセブンティーズのファッションで出ておられて、いくつかの場面にもわたって出演されていますから、一日じゃないと思いますが。

じゃ、二日か（笑）。これも私は観ていないんですよ。〝あ・た・し！〟という台詞があるのは、ファンの方から教わって辛《かろ》うじて知っているんだけど（笑）。

映画『高校生無頼控　突きのムラマサ』の福島ロケ。

――さて、この後は先ほどお話ししてくださった『高校生無頼控　突きのムラマサ』（七三年）。これは、江崎実生《みお》監督から熱烈なラブコールがあってのご出演だったとか。

江崎実生監督は当時テレビ映画でも売れっ子だから、お忙しくて他人の映画を観ている時間もなかったそうなんですが、石井輝男監督の新作だけは劇場でちゃんと観るようにしておられたそうなんです。それで『忘八武士道』をご覧になって、私の名前がわからなかったから、プロデューサーと新宿の映画館に行って『忘八武士道』の絵看板を見ながら〝この人〟って（笑）指名してくれたんですね。私はカタブツの女教師で、大門正明さん扮するバンカラの風来坊でセックスも奔放な不良高校生・ムラマサに振り回されるという役どころ。

――福島のリンゴ畑でムラマサに追いかけられる場面が印象的でしたが。

リンゴ畑のロケは本当に寒かったんです。テレビの『鬼平犯科帳』でも冬の東宝のプールに飛び込む場面があったんですが、それと並んで私の経験の中ではワーストの寒さ。ムラマサの大門さんも体じゅうに寒冷蕁麻疹《じんましん》が出て大変でした。七三年の二月頃ですね。飯坂温泉で合宿みたいにロケしてて、私はシャンプー忘れて行って実生監督からメリットシャンプー借りたなあ（笑）。この時の高校生役は大門さんを筆頭に、後に山田洋次監督の作品でも活躍する赤塚真人《まこと》さん、後に河原さぶに改名して人気バイプレーヤーになる河原裕晶さん、後に『秘密戦隊ゴレンジャー』のキレンジャーで人気を集めた後で自殺してしまう畠山麦さんといったみなさんで……高校生といっても二〇歳を過ぎた人ばかりでしたが（笑）、本当に撮影の合間のおしゃべりが楽しくて、ロケが終わってもずっといたいような気分でしたね。あまり楽しかったから、次の『高校生無頼控　感じるゥ～ムラマサ』（七三年）もロケに遊びに行ってシャレで友情出演したという感じかな。

――江崎監督は早撮りで知られていたんですよね。

ええ、そこを買われてあちこちから引っ張りだこだったんじゃないですか。そういえば、この飯坂温泉に泊まっている間に監督とご一緒に地元の映画館を借りてラッシュを観る機会があったんです。その時に封切でかかっていた番組が、当時話題になっていた有吉佐和子さん原作の『恍惚の人』。この上映が済んでからラッシュ試写をやるというので、私もこの豊田四郎監督の『恍惚の人』を観ましたよ。

――江崎実生監督といえば、『プレイガール』や『大江戸捜査網』といったテレビ映画でもクレジットによく見かけましたが、ひし美さんもちょうど七三年五月から、その『プレイガール』のレギュラーに加わりますね。『プレイガール』は一九六九年四月にスタートし、続篇の『プレイガールQ』まで含めると七六年三月まで、まる七年も続いた東京12チャンネル（現・テレビ東京）の人気テレビ映画でした。ひし美さんが登場されたのは『プレイガール』時代の最後の一年半くらいの時期となりますね。

『プレイガール』は国際秘密保険調査員のセクシーギャルたちのアクションとお色気が売り。私は空手の使い手で、菱田ゆり子という役名。沢たまきさんが沢村たまき、真理明美さんが星明美、浜かおるさんが浜川かおる……というふうに皆の役名は、芸名をもじったものになってたんです。

――これは江崎監督のお声がかりだったのですか。

江崎監督がローテーション監督だったので、ご推薦いただいたわけです。

――そういえば、江崎監督がひし美さんと海外ロケした『プレイガール』の「パリ篇」は監督の人を食ったアイディアから出来たのだそうですね。

そうなの！　私がたまたまフランスのニースでグラビアの撮影をする仕事があって、ちょうど同じ頃に江崎監督が東京12チャンネルのドキュメンタリーの仕事でパリに行くことがわかったんですね。それでとりあえずお互いのオフにパリで合流して、私が街を歩くカットをいくつも撮影したんです。

――その時にはまだシナリオもプロットもなかったんですか？（笑）

そう、とりあえず海外ロケ篇を手軽にこさえておくチャンスだということで、シナリオも何もないのにパリで私が歩いているところを撮っておけと（笑）。ただ、江崎監督のアイディアで、ただ歩いているんじゃなくて、せめてアタッシェケースを持った謎の男を追いかけてるということにしようと（笑）。その謎の男を江崎監督自らが、アタッシェケースを手に演じて、私は後をつけたんです（笑）。

――そうやって撮ってきた画からどうやって物語を作ったのでしょう？

なんでも、山崎巌さんという江崎監督ととても親しかったシナリオライターに撮って来たフィルムを見せて、〝これで何か考えてくれ〟と頼んだらしい（笑）。

――そうやって何食わぬ顔でまんまと海外篇を作ってしまったのだから、さすがに撮影所で百戦錬磨の職人監督だった江崎さんらしいカツドウ屋魂ですね。また、そういう積極的な意味でのいい加減さが許容された、いい時代でもあったのでしょう。いい時代といえば、『プレイガール』は今のテレビでは御法度《ごはっと》かもしれない、お色気満載のサービスカットも人気の要因でした。

本当に現場でもサービスカットと呼ばれていたんですが、傑作だったのは、監督の「はい！　サービスカット！」という声がかかると、裸になったりちょっときわどいアングルから撮影させたり……という流れになるんです。もう私は「サービスカット」ばかりが気になっちゃって……（笑）。温泉とタイアップした入浴シーンも頻出

ひし美の南仏でのグラビア撮影に便乗して『プレイガール』が即興的にパリで撮影されたことも。

日東紅茶のコマーシャルの撮影でグアムへ出かける。

しましたし、そこに出歯亀の大泉滉さんが登場、というのも定番。でも意外だったのは、こんなに男性向けのサービスカットで売っていたのに、ファンレターは女性の方が多かったんです。

——『チャーリーズ・エンジェル』みたいな強くてカッコいい女性像が、お色気場面を追いこして女性視聴者を惚れさせたのでしょうね。江崎実生さんの他に、『東海道四谷怪談』（五九年）、『地獄』（六〇年）、『怪異談　生きてゐる小平次』（八二年）の名匠・中川信夫監督もローテーション監督の一人でしたね。

中川信夫監督は実に悠々としていらして、父と同じくらいのお歳なのにシナリオの余白を破いて〝今日のゆり子は素敵だよ〟とか（笑）とぼけた愉快なことを書いてサッと渡してくださったり。そんな感じで私たちをリラックスさせてノセながら、ゆったりとしたペースで撮影を進めていました。もちろん決して『プレイガール』のような職人仕事を馬鹿にしているのではなくて、とても愉しみながらやっている感じです。こんな中川信夫監督のような余裕のある方が本当の名匠なのかもしれません。

＊

さて、七二年に東宝を退社したひし美ゆり子は、その後の一年足らずのうちに東宝

パリ旅行中に姉と。

コマーシャルに加えてグラビア撮影で海外にも頻繁に。

専属時代では考えられないような裸体の官能表現を武器にした女優に生まれ変わっていたわけだが（それも本人の意志というよりは時代の波に流されるままに）、『忘八武士道』の直後、七三年四月に東宝で公開された『高校生無頼控　突きのムラマサ』は、当時の東宝映画のありようを如実に反映した作品だった。

そこでまずこの頃の東宝映画の変節についてふれておきたいが、すでに日活はロマンポルノ路線に転換、東映も先述したようにセックスとバイオレンスへの傾斜を強めてなんとか興行を活性化させようと四苦八苦していたが、邦画各社の中にあって格別に都会志向で洗練とスマートさを売ってきた東宝も、安閑としてはいられなくなっていた。そこで注目された企画が当時ブームであった「劇画」の映画化である。その代表格は東映の「さそり」シリーズ、松竹の「同棲時代」シリーズ（後述）であろうが、東宝も七二年から七三年にかけて『子連れ狼』『御用牙』『高校生無頼控』『修羅雪姫』など劇画原作の作品が目白押しである。こうした企画では、原作劇画を口実にセックス描写、バイオレンス描写が映画内にたくさん設けられたのであった。興行的にどぎつさを求める映画会社の当時の傾向に、ハードな描写を売る劇画は恰好の素材となったわけである。

ただし、長らく品のいい洒脱なカラーを継承してきた東宝撮影所は、自社でそうい

テレビ映画『プレイガール』の一場面。片山由美子（＝左）と。（© 東映）

テレビ映画『プレイガール』撮影中。中川信夫監督と。

った映画を製作することにも抵抗があったため、多くは外部のプロダクションへの外注作であり、さらに東宝社内ではそういう劇画的なセックスとバイオレンスを表現できる手だれにも事欠くため、大映や日活などに在籍していた（もしくは在籍中の）監督を招いて撮らせていた。たとえば『子連れ狼』『御用牙』は勝新太郎の勝プロ製作で三隅研次、増村保造ら旧大映の監督たちが、『高校生無頼控』は国際放映製作で旧日活出身の江崎実生監督が、『修羅雪姫』は東京映画製作で日活在籍の藤田敏八《としや》監督がそれぞれ手がけた。

こうしてひし美が契約していた頃までぎりぎり保たれていた上品で穏健な東宝カラーは、まさに彼女が辞めた年からどぎつい劇画タッチの外注作が雪崩《なだれ》を打ってラインナップを埋め尽くし、日活や東映ほどではないがにわかに見世物的、煽情的な雰囲気を帯び始めていた。そもそも辞めて一年ぶりに東宝のスクリーンに以前よりずっと大きな役で帰還したひし美ゆり子は、『高校生無頼控　突きのムラマサ』で東宝映画の歴史にはあり得ない、官能的な裸体の演技を披露するのだった。

そして、当時の私が衝撃を受けたのは、この作品の宣伝ポスターを封切館で見た時だった。主役の大門正明が背後からひし美ゆり子のはだけた胸に手を回しているそのビジュアルは、およそそれまでの東宝の劇場ではお目にかかれないセンセーショナルなもので（当時街に平然と貼られていた日活ロマンポルノのポスターのどぎつさにも匹敵した）、後にも先にも東宝カラーとここまで違和感のある宣材が劇場に出回ったのを見た記憶がない。しかも、その衝撃的なイコンが東宝専属だったごく健康的な女優によって演じられていることが、また何ともいえない符合であった。

さて、『忘八武士道』の劇場看板を指してひし美ゆり子を指名したという、三二年生まれの江崎実生監督は五四年に日活に入社し、石原裕次郎主演『黒い海峡』『夜霧よ今夜も有難う』などのムード・アクションで巧みな演出を見せ、七一年にフリーになって以降も多産のテレビ映画監督として活躍した。こんな撮影所最盛期を知る江崎のほか、戦前の市川右太衛門プロに遡《さかのぼ》り、戦後は新東宝、東映、東宝と映画会社を渡り歩きながら膨大な監督作のなかに五九年の『東海道四谷怪談』のような傑作を生んできた一九〇五年生まれの中川信夫が、このテレビ映画『プレイガール』を演出していた。

ひし美は、かかる映画撮影所の草創期から最盛期を知る映画の虫ともいうべき職人監督たちの現場を知る、最後の世代の女優であろう。そして同時に、こうして手だれたちに愛されたひし美は、裸という表現を求められることで、たとえば東宝が長年積

テレビ映画『プレイガール』パリ篇のひとこま。(© 東映)

み上げてきた東宝カラーをきわどくかき乱す立場にもなっていた。

こうして映画の最盛期に遅れてきたひし美ゆり子は、映画の伝統に愛されながら、それを壊す「境界人」的な女優だった。そんな官能女優のレッテルを貼られた彼女は、以後、東宝のほか、松竹、東映、日活と各社の作品に引っ張りだことなる。

東宝、松竹、東映、日活、そしてテレビを渡り歩く

――七三年にはＴＢＳのポーラテレビ小説『愛子』のレギュラーを務められました。原作は佐藤愛子の自伝的小説『愛子』、やがてＴＢＳで数多くの名作ドラマを作る堀川とんこうプロデューサーが初めて一枚看板を掲げた仕事です。余り知られていませんが、この作品は秋吉久美子さんの初テレビ出演作でもあるらしいですね。

これはちょうど『プレイガール』と並行して撮影してたかな。私は杉田景子さんがやっていた主人公・愛子の姉の役。垂水悟郎さんが佐藤紅緑《こうろく》の役、その奥さんが渡辺美佐子さん。秋吉さんは女子学生役の一人だったけど、私と違ってどんなにＮＧを出してもへっちゃらな感じで、当時から大物感ありましたよ。一度、八重歯を抜きたいと言っていたので、いい歯医者さんを紹介しましたけど、ついに行かなかったようで

すね。そういえば、私はこのドラマの中で橋爪功さんと見合い結婚するんですが、つくづく巧い役者さんだなあと思っていました。橋爪さんが今のように有名になるのは、もっと後の事ですけれど。

――七三年の四月、『突きのムラマサ』とほぼ同時期に封切られた松竹映画『同棲時代　今日子と次郎』にも出演されていますね。『同棲時代』は上村一夫の原作も大信田礼子の歌も話題になりましたが、ひし美さんの役は由美かおると仲雅美の同棲カップルの隣室の、SM的な性愛に縛られた破滅型の女性でした。とことん暗い役でしたね。

サディストの夫の責めをぼろぼろになって受け入れながら、ついには結核で死んでしまう女の役。あの役はファンの方からも〝陰惨過ぎて観ていられない〟とよく言われますけど、私にとって特に悪い印象はなくて。ただ〝また裸の仕事だなあ〟と思いながら、遠い松竹の大船撮影所まで行くのが億劫だなあという感じでした（笑）。こ

ポーラテレビ小説『愛子』放映中のテレビ画像。

れは映画だからいいやって引き受けたんですけど、後になって東京12チャンネル（現・テレビ東京）の「日本映画名作劇場」で普通にお茶の間で放映されたものだから、びっくりしちゃって。ちょうど私が銀座でパブをやっていた時期だったので、お客さんたち皆から〝見たよ〟って言われて困りました。

――山根成之《しげゆき》監督がひし美さんの場面は陰惨ながら独特のポップな美学で撮っていましたが。

そうですね。でも山根監督はそんなにお年でもなかったのに亡くなってしまって。七九年の山根監督の『黄金の犬』の時は、銀座で私が経営していたお店をロケセットにお貸ししたんです。山根監督とはそれが最後ですね。

――そういえば、この『同棲時代』の助監督は意外な方だったそうですね。

そうそう。ずいぶん後になってある会合で〝私は『釣りバカ日誌』の監督の栗山富夫です〟と監督がわざわざご挨拶に見えたので、〝はじめまして〟と言ったら〝いえ、お久しぶりです。私は『同棲時代』の助監督でした〟と言われて大変びっくりしました。あの頃はまだ皆若いですから、栗山監督たちもいろいろやんちゃな事をしていて驚かされましたが、昔のことなのでちょっとここでふれるのはやめておきます（笑）。

――次の小沢茂弘監督『三池監獄　兇悪犯』は鶴田浩二主演で、三池炭鉱で重労働を課せられている四人たちのもとへ鶴田さん扮するカリスマ的な侠客が収監されて波乱が起こる、もうダーティで陰惨な物語。ひし美さんは、ぼろぼろに傷ついて凍死寸前の鶴田さんを裸で優しく温めて介抱する、気風のいい待合の女という役柄でした。

撮影に入る前に、小沢茂弘監督は凄く怖い人で、役者には厳しいから〝ハンカチの五枚や六枚は持って行かないと〟と山城（新伍）さんに脅かされていたので、かなり心配しながら現場に行ったんです。もうそれは頑張って台詞を覚えて。方言指導もやってくれたので、そのアドバイスも何度も聞いて自分のものにしました。すると小沢監督からは特に怖いことは言われなかったし、逆に京都から東京へ帰ってきた後で、皆を泣かす鬼監督がラッシュを見ながらひし美さんのところで泣いてたよ（笑）って聞かされてびっくりしました。

――これは息苦しいくらい、暗く辛い男たちの弾圧と抵抗の物語が一時間以上続いて、もうぐったりしかけた頃にふっと、ひし美さんの艶っぽく柔らかいイメージが挿入されて、観客がようやく和《なご》める感じなんですね。

お玉という役名の、女郎のような謎の女ですよね。死にそうな鶴田さんを温め、食事をさせて健気に看病する……そこだけしか出て来ないんですよね。本当にこれも一日仕事でした。鶴田さんとも何も無駄なお話などせずに一所懸命やってた記憶がありますが、きっと鶴田さんも〝この子見たことないけど、どこから来たのかなあ〟って思ってたんじゃないかな（笑）。でも、北九州出身の男性の役者さんが、ご当地の言葉のイントネーションをテープに入れてくださっていたので、とてもやりやすかった。〝私がお玉。あんたの湯たんぽがわりですたい……よか、私が元気ばつけてやるけん……じーとしてらっせ……〟とかね。

――凄いですね。今もって台詞を覚えていらっしゃるんですね。しかしこの役が回ってきたことには、ちょっとした逸話があるそうですが。

この役は、私には珍しく横取りしたんですよ。東映本社の前で『忘八武士道』の橋本慶一プロデューサーとばったり会ってお茶を飲んでいたら、〝これから横山リエを口説きに行くんだ〟と言ってシナリオを持っていた。それを読ませてもらったら、〝ああ、これは演じてみたい〟と珍しく思って、〝これ私やりたいんだけど〟（笑）って言ったのがきっかけなんです。横山リエさんだとどうなったのかな。

――あれだけ陰々滅々とした映画だから、横山リエさんだとちょっと地味になってしまったかもしれませんね。ひし美さんぐらいポジティブな色香がないと、ちょっと気分が変わらないかもしれません。この次が七四年の藤田敏八監督の日活作品『妹』になりますが、藤田監督とひし美さんの接点はなんだったんでしょう。

パキさん（藤田敏八）、赤座美代子さん、大門正明さんとでゴールデン街あたりに時々飲みに行っていたから、そのご縁かな。

――『妹』は当時人気絶頂の秋吉久美子さんの主演作。くだんのポーラテレビ小説『愛子』で共演されていたとはいえ、『妹』の時は全く出番が違ったので現場でお会いになってはいませんね。しかしこの『妹』の役柄は実に不思議な感じですよね。

林隆三さんの引っ越し業者をカラダで誘惑して代金をタダにしようという女子大生（笑）。しかも〝これクスリっぽくて好きなんだあ〟と不敵にドクターペッパーを飲んでいる（笑）。

――脚本の内田栄一さんらしい、感覚的なイメージですね。

これなんか特にワンシーンしか出ていない一日仕事だから、もう何なのかさっぱり判りませんよ（笑）。『三池監獄　兇悪犯』だって、あのお玉という女のところはホン読みますが、全体は暗くて読めないですよ（笑）。私なんか演技のトーンはこうすれば、なんてアタマで計算できないから、かえって脚本なんか読まないほうがいいんですよ、きっと！　そういえば、この『妹』が公開された七四年の夏には『プレイガール』も終了したので、レギュラー番組がなくなったんですね。それで私、ちょっとだけOLやってたんです（笑）。

——確か今でいうところのエステティシャンだったとか。

そうです。エステティックの免許を取って、ホテルニューオータニに入ってたあるクリニックに……ほんの数カ月ですがお勤めしてました。最初で最後のＯＬ生活でした。

——さて女優業に舞い戻られての次の作品は、松竹の貞永方久監督『メス』（七四年）ですが、これは大学病院内でのどす黒い権力闘争やら生体解剖の陰謀やらを描いたサスペンス。ひし美さんはこうした醜悪な騒動の渦中で死んでゆく看護師の役ですね。

『メス』は内容は凄く暗いんですが、現場はとても楽しくやってました。実は貞永監督は社会派の名匠だって聞いてたものですから、衣裳合わせの時に緊張して胃けいれんを起こしちゃったんです。ところが〝ちょっと横になってごらん〟と監督が背中のツボを押してくれたら、けろっと治っちゃったんですよ（笑）。〝なんだ、優しい人だなあ〟と思って、それからはご一緒にお酒を飲んだら〝貞やん〟なんて呼べる関係になりました（笑）。私がこんなに打ち解けられる監督というのは、本当に珍しいです。

——そういえば、『メス』では『ウルトラセブン』の第二二話「人間牧場」でもひし美さんを大いに悩ませた、瞼を閉じた演技を求められたんですよね。

「セブン」の話でもふれましたが、私は目を閉じていても、誰かに見られているという意識がはたらいて、目がぴくぴく動いてしまうんです。だから、『メス』の死人の演技は鬼門だったんですが、このことを貞永監督に相談したら、〝大丈夫だよ、あの田村高廣さんですら苦手だったんだから〟と慰めてくださいまして……。

——貞永監督は本当にお優しいんですね。それで、死人の演技の解決策は……。

目を開いたまま死んだことにしてもらいました（笑）。

——ああ、確かにそうでした。あの死に方にそんないわくがあろうとは（笑）。この後は七五年の松竹『昭和枯れすすき』に少し顔を出されていますね。

野村芳太郎監督なんですよね。確か私は松橋登さんの奥さん役だったかと。

——そうですね。ちょっと冷たいお医者さんの奥さんで、ワンシーン程度のご出演でした。

これも一日仕事ですよね。あまり覚えていないなあ（笑）。

＊

さてここで東映、東宝に続いて、ひし美が招かれた当時の松竹映画の状況にもふれておこう。一八九五年に興行会社として出発した松竹は、一九二〇年から映画製作を開始したが、戦後から五〇年代の映画興隆期は木下恵介監督『二十四の瞳』『喜びも悲しみも幾歳月』や大庭秀雄監督『君の名は』、小津安二郎監督『東京物語』『晩春』、吉村公三郎監督『安城家の舞踏会』のような作品群に代表される市井の人々の感情の機微を描いたホームドラマ、メロドラマ、人情喜劇といった分野を得意としてきたが、六〇年代はそういう穏健な良心作だけでは興行不振に太刀打ちできず、いわゆる松竹ヌーヴェル・ヴァーグの若手監督起用によりアクチュアルで刺激のある作品づくりを推進したり、大船調のホームドラマ作法に慣れた監督たちでは難しい暴力や性愛をモチーフにした内容を外注作に求めたり、作風の異なる東映などから監督を招いてテコ入れを図ったり……と模索が続き、そんな中テレビドラマだった『男はつらいよ』の映画版が想定外のヒットを記録しシリーズ化されたことで、はしなくもこれが本来の松竹カラーをも継承することとなった。

もっとも七〇年代の邦画凋落期、『男はつらいよ』以外の興行の柱となるヒット作に恵まれない松竹は、明るく健全な松竹カラーの範疇から踏み出した話題性を他社同様、劇画原作に求めた。それが、ひし美の出演した七三年の山根成之監督『同棲時代今日子と次郎』であったが、この作品では主演の由美かおるのヌードシーン、ベッドシーンはもとより、ひし美が演じたSM的な倒錯性愛の描写が、当時としてはひじょうに松竹らしからぬインパクトを与えたのであった。

また、『高校生無頼控　突きのムラマサ』の宣材ポスターでのひし美ゆり子の裸像が東宝らしからぬセンセーショナルなものであったことは先にふれたが、その公開からわずかひと月後に公開された『同棲時代』のポスターも、由美かおるの裸体の全身像を背後からとらえたビジュアルで、松竹の劇場に貼られていたさまにはかなり違和感があったものの、大きな評判を呼んだ。この年には関根恵子（現・高橋恵子）が森の中で大胆なヌードを開陳している熊井啓監督の東宝作品『朝やけの詩』のポスターも物議を醸したが、関根恵子に当時のことを尋ねると、裸の演技をすることへの抵抗感よりも、とにかく興行側もマスコミもそこばかりをクローズアップすることが嫌でならなかったという。とにかくこの七三年前後は、製作条件が厳しくなって絢爛《けんらん》たる見せ場も作れなくなった日本映画が、ひたすら女優の裸にすがるほかないほど切迫していた時期なのである。

ちなみに、当時ひし美が出会った監督の中では一九一九年生まれの野村芳太郎、二二年生まれの小沢茂弘は一九五〇年代にそれぞれ松竹、東映で監督デビューし、邦画最盛期に夥《おびただ》しい数のプログラム・ピクチャーを量産してきた代表的な存在であった。それに対して三一年生まれの貞永方久、三二年生まれの藤田敏八、三六年生まれの山根成之は、六〇年代後半に監督デビューはしていたものの、主な活躍は映画界が惨憺《さんたん》たる状況になった七〇年代からであった。野村芳太郎と小沢茂弘の作風はまるで異なるものの、その映画作法は手堅く安定的であり、逆に藤田敏八、山根成之はそういった従来の撮影所の映画作法から逸脱するような斬新な試みに満ちた作品に打って出た。まさに日本映画の作り方自体が「端境期」にあったと言えるだろう。

初の主演映画『好色元禄㊙物語』の好評

そして、さらに若い世代のなかにも、くだんの江崎実生のように、石井輝男『忘八武士道』でのひし美ゆり子のイメージに惚れこんで、いつか自分の作品に起用したいと思っていた監督がいた。四二年生まれの関本郁夫は、なんと初めは東映京都の美術課に就職、後に演出部の人材がテレビ局などに流出した際に穴埋め要員として助監督に転じたという変わり種で、七四年一月封切の池玲子主演『女番長《スケバン》　タイマン勝負』（初監督としての撮影開始は次作『女番長《スケバン》　玉突き遊び』が先）で劇場用映画にデビューした。

この二作に加えて芹明香主演『札幌・横浜・名古屋・雄琴・博多　トルコ渡り鳥』（七五年）と、いずれも厳しい予算の制約のもと、ふてぶてしく迫力のあるヒロイン像を破天荒なアクションと抒情で描いた意欲作だったが、続く田中陽造脚本の「好色一代女」（後に改題されて『好色元禄㊙物語』）という初の時代劇のヒロインにひし美ゆり子の起用を切望した。

＊

――七五年はひし美さんの正真正銘の主演作『好色元禄㊙物語』の撮影となりますね。

元禄の世を体を張って生きてゆく、最底辺の長屋の姉妹の話。次々と男たちを手玉にとって、最後にはつきまとう若い坊さんの筆おろしを引き受ける……その坊さんがなんと後の井原西鶴だった、という（笑）。荒唐無稽な設定ではありますが、けっこう面白い脚本なんです。成人映画だというし、最初はお断りしたんですが、田中陽造さんの脚本を何度も読んでいると、まあ初めての主演作でもあるし、やってみようかなという気になって。

――関本郁夫監督は前年にデビューしたばかりの新人監督でしたが、この年の春には芹明香の主演で『札幌・横浜・名古屋・雄琴・博多　トルコ渡り鳥』という低予算のロードムービーの快作を撮って気を吐いていました。関本監督は『忘八武士道』のひし美さんを観て、ぞっこんだったとか。

ええ、お断りしてもお断りしてもオファーを下さって。さっきも言いましたけれど、私は「ポルノ女優」みたいな言われ方が本当に嫌で、もう女優辞めようとさえ思っていましたから、こういう内容の企画はちょっとご辞退しようと思ってたんです。でも、本当に熱心な関本監督のお申し出にほだされて（笑）お受けしようと決めました。現場でも、もう狂ったがごとく（笑）、熱烈に演出なさってました。いつもノリにのっておられて、うまく行かないとワーッと怒りまくって。

――これは井原西鶴の時代に、最底辺の湿地の長屋に住む貧しいが気風のいい姉妹が、肉体を武器にたくましく生きてゆく話ですね。なんでもひし美さんのお夏という役は、東映専属の橘麻紀さんが演ずるはずだったそうですが、逆に橘さんが妹役になって、何かやり難いことなどなかったのですか。

それは一切なかったですね。ただ、当時は志賀勝さんや川谷拓三さんといった東映の悪役集団が〝ピラニア軍団〟といって売り出していた最中で、彼らはやっぱり主演なら東映の橘麻紀さんじゃないかと主張したようです。でも、関本監督が強く推薦してくださったおかげで私におさまったようですね。

＊

当時のひし美はマネージャーから東映の時代劇ポルノの仕事が来ていると聞いて、いったんは断ろうと思ったが、牧口雄二監督の佳篇『玉割り人ゆき　西の廓夕月楼』を書いた時期の、脂の乗った田中陽造のシナリオをしかと読んでみた結果、その内容のよさに感じ入って引き受けることにしたという。これが奇《く》しくもひし美ゆり子の初主演映画にして、ひし美にとっても監督の関本郁夫にとっても、それまでのキャリアの中で最も評価される仕事となった。

元禄時代の京の都、その底辺の湿地のじめじめした長屋、畳の上をナメクジが這うようなところに、お夏とお七という姉妹が住む。奔放な姉に貞淑な妹。お夏は寺の老住職の妾だが、金持ちの商家の若旦那に鞍替えすべく誘惑を始める。一方、お七は婿《むこ》の久松と店を持とうとけなげに頑張るが、金目当ての婿が謀《あや》ってよその男どもにお七を抱かせる。その真相を知ったお七は逆上して久松を殺め、お夏の手を借りて池に葬る。以後、激変したお七は男千人斬りをもって婿の供養に代えんと性道に邁進し、お夏は若旦那が脈なしと判るとその父親を肉体で籠絡《ろうらく》する。こうして女を武器にふてぶてしく生きてゆくお夏だが、彼女を遠くから慕っていた若い坊主の筆おろしにひと役買い、これが後の井原西鶴であった……という、なんともぶっ飛んだ艶笑《えんしょう》メロドラマである。

そもそもこの企画は、元の歌手名のまま東映京都作品に出ていた加納エリ子が、七四年以降、橘麻紀と改名して『仁義なき戦い　完結篇』などに出演しているのを主役として押し出そうと企画されていたらしい。だが、ひし美の存在感に惚れた関本郁夫は、プロデューサーの本田達男、企画部長だった日下部《くさかべ》五朗にも彼女の魅力を力説して了解を得た。

ところが、当時京都撮影所では個性的な脇役、悪役俳優たちが渡瀬恒彦の音頭で集まって「東映ピラニア軍団」というグループを結成、深作欣二や中島貞夫、あるいは東映外部の倉本聰らが彼らを面白がって作品に起用、ちょっとしたブームが起こっていた。そして、たまさかその主要メンバーである川谷拓三、室田日出男、志賀勝、岩尾正隆が『好色元禄㊙物語』には結集していたのだが、実は男ばかりの「ピラニア軍団」の中で橘麻紀は唯一「女ピラニア」として親しまれていたため、関本が社外のひし美ゆり子を主役に推したことに一同が猛反発したという。

だが、関本郁夫はそういった反発も一喝のもとに却下してひし美を主役のお夏に据え、橘麻紀はその妹役のお七に落ち着いた。しかし、ひし美の人柄と演技力に納得したか、関本の俠気が一同に伝わった賜物か、現場はぎくしゃくすることなく、たいへん前向きな雰囲気で実りある撮影となったようだ。

＊

――そもそも鳴り物入りの秋の大作、田中登監督、高倉健主演の『神戸国際ギャング』の添え物の小品なのに、長屋のセットもしっかり作られていて、そこに関本監督が凝って本物の蛭を這わせたり……けっこう本格的な構えに驚かされます。

十八禁のお色気時代劇にこんなしっかりしたセットまで組んだりするのは、本当にこの頃が最後なんじゃないでしょうか。やっぱりこういう映画の作り方っていうのはいいものですよ。だから、『好色元禄㊙物語』は贅沢に作ってたと思います。後になってたまにVシネマを演ってくれと言われて出かけたりすると、もちろんセットなんてないうえに、スタッフの仕切りもひどくて五時間も六時間も無駄に待ちがあったり……ひどいものでした。

――撮影期間はどのくらいだったんでしょう。

一〇日から二週間の間くらいだったかしら。この時も女優さんがぴったり付いてくれて、京都弁のイントネーションを教えてくださって、おかげさまで自信をもって心強く演れました。

――あの井原西鶴をやっていた好感の持てる青年（山田政直）はどうしたんでしょうね（笑）。

その後見ないですよね。なにぶん一八禁なので、俳優さんも二〇歳以上の人が演じていたわけです。だから、西鶴役の彼も足の毛を剃ったりしながら苦労して小坊主を演じていましたよ。

――ひし美さんのお夏をそでにした商家の若旦那が別の女と祝言をあげると、その寝所に蛇がけしかけられる……というゾッとする場面がありますが、あの蛇もあくまで本物じゃないと嫌だと関本監督が粘ったとか（笑）。

あの蛇は、やっぱり偽物だとあそこまでびっくりしないですよね。でも関本監督は本当に現場で燃えていましたね。

――あの蛇が秘所に入ってしまうという設定の三井マリアさんは、この作品の後、日活ロマンポルノで曾根中生監督の『わたしのSEX白書　絶頂度』という稀代の傑作に主演した後、瞬く間に引退してしまいますが、本物の蛇は嫌だからいったん出演は断ったのに、さんざん説得されて現場に戻ってきたそうですね（笑）。こういうナンセンスな部分の白眉は、当時潮吹きで有名だったタレントの窪園千枝子を起用せよと東映の岡田社長に無理を言われ

『好色元禄㊙物語』のひし美は自慢の健脚で疾駆する。（「好色元禄㊙物語」1975年公開©東映）

て、関本監督がしからばと逆手にとった場面。窪園さんがお座敷で莫大な潮を吹いて……。

みんなで傘をさしてよけるのよね（笑）。関本監督もやりきってるよねえ（笑）。でも、本当はあのシーン要らないよねえ（笑）。

——そういうお笑いからペーソスあふれる部分まで盛りだくさんの映画ですが、やはり監督の思い入れゆえか、ひし美さんの妖艶な面は見事にとらえられていましたね。同時にひし美さんは本当にダイナミックに着物を振り乱しながら走っています（笑）。あの走りっぷりがとてもよかった……。

陸上部で鍛えたのが役に立ってよかったですが（笑）、とにかくなりふり構わず走れということでした。

——そのなりふり構わない感じが、あのお夏という女の生命力とか、生きてゆくうえでの図太さみたいなものを感じさせてくれます。あれは関本監督一流のヒロインのとらえ方ですね。しかしこの映画を封切当時に観ましたが、メイン作品の『神戸国際ギャング』が期待させた割りに意あまってもやもやとした、今ひとつの出来だったのに対して、わずか六八分の『好色元禄㊙物語』はシンプルに作り手、演じ手の気持ちがぎゅっと詰まった仕上がりでとてもいい印象でしたね。

この六八分という長さがいいよね。私、映画館に長く閉じ込められるの嫌いだから、映画はこのくらいの長さがいいな（笑）。

深作欣二監督「仁義なき戦い」シリーズのヒロインに

初主演の『好色元禄㊙物語』で注目を浴びたひし美ゆり子に、今度は東映のドル箱「仁義なき戦い」シリーズのヒロインの話がやって来る。七五年一一月公開のシリーズ第七作『新仁義なき戦い　組長の首』である。七三年一月に公開された『仁義なき戦い』は大ヒットを記録し、翌七四年末までに初期五部作と『新仁義なき戦い』第一作までの計六作が続々公開され、しかもこの七五年に深作欣二監督は『仁義の墓場』『県警対組織暴力』『資金源強奪』というタッチの異なる傑作群を大車輪で生み出し、さらにそこへ「新仁義なき戦い」第二弾にしてシリーズ通算七作目の『組長の首』にとりかかった。

この時期、驚異的なエネルギーで充実した作品を作り続けた深作欣二監督は、三〇年生まれで六一年に東映東京撮影所で監督昇進、東映任俠路線の一翼を担っていたが、六九年に黒澤明降板後の日米合作『トラ・トラ・トラ！』の日本側監督を引き受け、また独立プロで痛烈な戦争批判に満ちた『軍旗はためく下に』を撮った後、七三年から東映京都で「仁義なき戦い」シリーズで大きな興行的・作品的成功をおさめた。

初期五部作を終えても人気やまず、このシリーズは新味を足しながら続篇が作られ続けたが、特にこの『新仁義なき戦い　組長の首』は、おなじみ広島やくざの抗争から舞台を北九州へと転じ、初期五部作ではウエイトが低かった女たちの存在を厚めに描いたり、アクション場面もドスとピストルのみの小競り合いから派手なカーチェイスを導入するなど、新たな工夫が満載の作品であった。そして、この女性にまつわる部分、特にひし美ゆり子が扮したさげまんの女・綾の造型などは、日活ロマンポルノや東映京都のポルノ作品で注目されていた田中陽造が受け持ち、カーアクションの撮影はなんと関本郁夫が別班監督として引き受けてかなり迫力のあるシーンを撮りまくってきた。そして、梶芽衣子扮する西村晃の組長の娘とともに、女のドラマを支える図太く妖艶なヒロインとして、深作欣二はひし美ゆり子を抜擢した。

このように『新仁義なき戦い　組長の首』は、関本郁夫＝田中陽造＝ひし美ゆり子と、直近の『好色元禄㊙物語』で気を吐いたメンバーが従来からのスタッフに食い込んで活躍した、シリーズに新鮮な風を送り込む作品だった。

＊

――『好色元禄㊙物語』を観た深作欣二監督が東映のドル箱「仁義なき戦い」シリーズの最新作だった『新仁義なき戦い　組長の首』のヒロインにひし美さんを起用されることになったわけですね。

まず梶芽衣子さんのヒロインがいて、もう一人の北九州の鉄火肌の女の役で私がいるんですね。菅原文太さん、山崎努さん、渡瀬恒彦さん……とそうそうたる顔ぶれの作品でした。

――大ヒット番組だった「仁義なき戦い」シリーズも三年目に入って、マンネリを打破するためにこうした女性のドラマ部分をふやしたり、カーアクションに力を入れたりの模索期に入っていたわけですが、この『組長の首』などはその典型的な作品ですね。そして、例によって大勢のくせものの俳優さんがひしめくこの映画にあって、ひし美さんは実に堂々と大舞台をこなしておられる感じです。

そう見えますか？　それならいいんですけど、本人はもういっぱいいっぱいですよ（笑）。

――いやこの作品の、男どもをのめりこませ、破滅させてゆく綾という女の〝さげまん〟ぶりは迫力がありました。

もの凄い〝さげまん〟ですよね。室田日出男さん、成田三樹夫さん……と私に絡んだ男は次々に殺されて、そのかわり私はのし上がってゆく。その次に文太さんがやって来るんですね。

——自分の部屋を訪ねてきて「間男しに来た」と短銃を向ける菅原文太さんに、全裸で横たわったひし美さんが「前からね、後ろからね」と挑発する。この作品のひし美さんの演技の白眉というべき場面ですね。あそこのひし美さんのドスのきいた演技は本当に好きですね。

でもあいうところも、深作さんがご自分で横たわりながら〝前からね、後ろからね〟って（笑）身ぶり手ぶりで教えてくださるんですよ。その成果ですよ。

——いやでも深作さんに〝前からね、後ろからね〟ってやられたくないですよねえ（笑）。

あははははは！

——この『新仁義なき戦い　組長の首』は、牧口雄二監督の『五月みどりのかまきり夫人の告白』を併映作として七五年一一月に封切られて好成績をおさめましたが、深作組はしばしば「深夜作業組」の略だと言われるほどハードな撮影が評判でした。この時も撮影は大変でしたか。

けっこう大変でしたね。深作監督はスケジュールが押して来ると徹夜も辞さずの構えでしたから。しかも、ちょうどこの頃、私は昼の帯ドラマ『手紙～殺しへの招待』（後述）の撮影が重なっていたので、京都と東京を往復していたんです。だから、朝六時まで太秦で撮影して、そのまま新幹線に乗って東京へ戻って、九時には迎えの車で東京の撮影所に向かう……という殺人的なスケジュールでした。

――そういえば、その慌ただしい中での撮影所のお風呂のことで、いいお話がありましたね。

そうそう！　私の撮影最終日も、明け方に撮影が終わって、もう超特急で東京に戻らないといけなかったんです。私としてはアクションシーンもあって、体も汚れているので早くお風呂に入りたい、もう時間もないし……と、焦って順番を待っていたんです。でも、太秦の撮影所は特に俳優の序列や格を重んずるところですから、なかなか順番が回って来ないんですよ。それでもうお風呂は諦めようかなと思った矢先に、私の事情を知っていた渡瀬恒彦さんが〝おい、先に入れよ〟ってご自分の洗面道具まで貸してくださるじゃないですか。もう涙が出るくらい嬉しかったですよ。

――そしてこの『新仁義なき戦い　組長の首』と、くだんの主演作『好色元禄㊙物語』の二本の演技をもって、週刊ファイト主催「第一回　映画ファンのための映画まつり」の主演女優賞を受賞されましたね。

そうなんです。電話で通知があって、すぐ大阪での受賞式に来てくださいと新幹線の切符が送られてきました。七六年の二月のことですね。監督賞も『好色元禄㊙物語』の関本監督。助演女優賞は『仁義の墓場』の多岐川裕美さん、主演男優賞も同じく渡哲也さん、助演男優賞はやはり『好色元禄㊙物語』でお七の婿の久松を演じた川谷拓三さん。授賞式に出たのは多岐川裕美さんと私。多岐川さんはその後、ソガ隊員(阿知波信介)の奥さんになるわけですが、綺麗な方だったな。この時頂いたのは、賞状にトロフィー、記念のパネル写真……賞金はなかったかな(笑)。

——さて、『組長の首』をやりながら、ひし美さんは同時期に日本テレビのお昼の帯ドラマ『手紙』も撮影されていたわけですが、これはちょっと変わった味のサスペンス。前田陽一監督でしたね。

『手紙』も『組長の首』と同じく一一月いっぱいのオンエアでしたから、スケジュールが完全にかぶって大変でした。今考えると私が演ったレズビアンの役なんて、昼間のお茶の間で皆見ている時間によくそこまでやっていますよね。私も母が見ているかもしれないのに、よく引き受けていたものだなあと(笑)。

——証券会社の課長の妻が、自分の夫をひと月以内に殺すという殺人予告の手紙を受け取ったことから始まるサスペンス。『大誘拐』で知られる天藤真の『殺しへの招待』が原作ですね。犯人を当てる懸賞もついていたかと。

タイプライターを打つ黒手袋の女の手がインサートされて犯人を暗示するんですが、

あれは私。犯人である疑いをかけられる女性はAからFの六人なんですが、私はその中の真犯人Fを演じました。殺しの背景にあるレズの世界を描く時に、けっこう激しいシーンもあって。私の相手役だったのは、亡くなった名女優の中島葵さん……彼女は森雅之さんの娘でおじいさんが有島武郎、大おじさまが里見弴になるわけですけど、本当に凄い女優でした。レズシーンなんか中島さんは徹底して本気でしたから、私なんかもうたじたじでした。あの女優魂や仕事に対するきっぷのよさは、本当に私なんか見習わないといけない感じでした。確か四五歳でがんで亡くなりましたが、晩年によく主人が調布でやっている台湾料理店に一人でいらして飲んでいたそうなんです。私はちょうど次男の出産の時期でお店に行けず、ついにお会いできなかったのですが、ほどなくして訃報が流れて本当にびっくりしました。それにしても当時はよくあんな過激な場面を含む作品が放映できたなと思いますよ。ところで、前田陽一監督は、他にどういうものをお撮りになっていましたっけ?

——三四年生まれの前田陽一監督は『にっぽんぱらだいす』『進め!ジャガーズ　敵前上陸』など松竹の喜劇で一風変わった味を出してましたが、最もポピュラーな作品は七九年の桃井かおり、渡瀬恒彦共演『神様のくれた赤ん坊』でしょうか。

ああ、『神様のくれた赤ん坊』はよかったですね!　あれは今の主人と本当に珍しく一緒に観に行った数少ない映画の一本なんですが（笑）、確か寅さんと併映でしたよね。

――はい。『男はつらいよ　寅次郎春の夢』ですね。

あの寅さんは確かマイケルとかいう役名の外人が出る、ちょっと変わったお話で、あまりよくなかったのよね（笑）。だから、併映の『神様のくれた赤ん坊』は寅さん以上に面白かった。私の友だちの小林トシ江さんが温泉の女中の役で、桃井さんと一緒に酒盛りして騒ぐところなんか凄くよかったわね。こんなに映画のことは覚えているのに、私のなかでは前田陽一さんと山根成之さんのイメージがなんとなくごっちゃになってしまうんですよ（笑）、失礼ですけど。でもお二人、どこか似てませんか？

――まあ大きく言うと似ていなくもありませんが（笑）。お二人ともプログラム・ピクチャーの醍醐味というべき佳篇をたくさんお作りになりましたが、早くに亡くなられて惜しまれます。さて、『好色元禄㊙物語』から『新仁義なき戦い　組長の首』へと女優人生の盛り上がりを見せて、ひし美さんを偏愛する作り手やファンの期待もいや増した時期に、ひし美さんはあっさりとお見合いで結婚、引退をなさってしまう。これは皆を相当がっかりさせたことでしょうね。

関本郁夫監督なんかずいぶん怒っておられたようです。申し訳ないことをしましたが、もともとこんなふうに女優という職業に執着がなかったんですよ。結婚のお相手も、全く芸能界とは関係のない普通の商売の方でしたし。もっともこの最初の結婚はそんなに長く続きませんでしたけれども。

実質的〝引退〟後の作品たち

――ここで映画女優としてはひと区切りつけられますが、プロダクションには所属したまま名前を残されているので、テレビを中心にけっこうさまざまな作品にちょっとずつ顔を出されていますが、印象的だったものはありますか。

七八年のNHKの『十字路』第二部の第二話「富士山麓篇　樹海の中の少女」は鎌田敏夫さん脚本の「土曜ドラマ」なんですが、千葉真一さんや草刈正雄さんが出ていました。この中で、ボクサーの夢破れて、失明して故郷に帰ってきた男が再会した子どもを抱く場面があって、男は大門正明さんで、子どもは実は私の長男なんです（笑）。子役だと現場で人見知りするというので、当時一歳四、五カ月の長男・太一が抜擢されまして。甲府のひなびた温泉でロケしましたね。

――ご長男の出演のほかに、現在のご主人が料理指導をしたという逸話もありますね。

あはは。それは七九年のＴＢＳ『家路　ママ・ドント・クライ』ですね。一児を連れて離婚した私は、この頃、新宿の台湾料理店厨師《ちゅうし》だった今の主人と知り合った頃で、彼をたまたま現場に連れて行った時に中華料理店の厨房のシーンがあって、主人が俳優さんにお玉の使い方を教えたりすることになりまして（笑）。私は妊婦の役で、おなかにたくさん詰め物をしていましたね。

――湯島の流行《はや》らない中華料理店の話なのに音楽がカーラ・ボノフだったのがとても不思議で、新富町の老舗の話なのにクリエイションが流れる『ムー一族』的なＴＢＳのお家芸的なしゃれっ気と遊び心があふれるドラマでした。この『家路』は石堂淑朗の脚本を、『時間ですよ』『寺内貫太郎一家』『ムー一族』やハイビジョンドラマ『陰翳礼讃』などを撮った異才・宮田吉雄ディレクターが演出していました。この年は山根成之監督の大映作品『黄金の犬』にもちょっと顔を出されていますね。

あれは当時、私が銀座六丁目で「サラレジャン」というパブを経営していたんですが、『黄金の犬』の聞き込みのシーンで使わせてほしいというので、ついでにママ役でちょっと出たんです（笑）。

――開店前に出前のラーメン食べながら森田健作刑事の質問に答えているママですね。あの映像を観ると、なかなか洒落た立派なパブですが……。

知人の協力もあって、うまく銀座でお店を出せたんですが、当時の銀座は座って六万円……みたいな感覚だったのに、破格の四〇〇〇円ぽっきりで営業したら、けっこう流行ったんですよ。七七年に開店して、八二年まで続けましたね。

――パブのママといえば、この後、八〇年公開のＡＴＧ作品、橋浦方人監督『海潮音』でも烏丸せつ子さんがつとめるスナックのママ役を演っておられました。地元の青年の泉谷しげるさんが通ってくる、いかにも場末にありそうな古いスナックで、確か名前は「アカシア」でした（笑）。

それもそのはずで、あの作品はスナックの場面だけなのに、わざわざ石川県の穴水まで行ったんです。美術が円谷時代の池谷（仙克）さんで懐かしかった。当時の泉谷しげるさんは、とにかく目が澄んでいて、お話が面白い方だなあと。この映画に出ていた荻野目慶子さんは、当時天才子役と評判になっていた時代でしたけど、撮影の合間もゲーテだか何だか読んでる文学少女で、泉谷さんが「おまえ、そんな難しい本読むなよ」って突っ込みを入れてました（笑）。

――ＡＴＧの一方で、なんと児童映画にも出演されていますね。国際障害者年の八〇年に東映が作った若杉光夫監督、宮崎晃脚本の『ぼくはＳＬをみた』。

一人旅に出かける少年を心配するお母さん役でした。鈴木ヤスシさん扮する夫と人

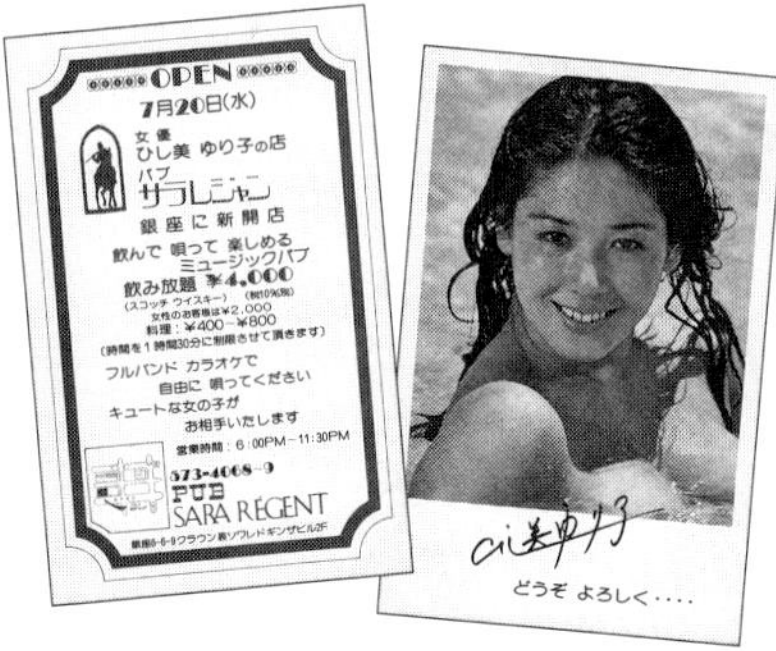

銀座の店「サラレジャン」の案内状。「サラレジャン」は『黄金の犬』のロケでも使用。

形町で鯛やき屋をやっているという設定。少年が旅先の山口で出会う盲目の中学生が、後の見栄晴でしたね。

——しかも主役の少年は、後にロリポップ・ソニックのドラマーになる荒川康伸さんでした。さて、八三年には木下惠介監督の作品にも出ていたのですね。長崎の原爆の悲劇を描いた松竹作品『この子を残して』。反戦を訴え続けた父の遺志を継いで、山口崇扮する通信記者が世界じゅうの戦地をルポしている。ひし美さんはその奥さんで、空港で子どもたちと一緒に夫の帰国を待っている。

ずっと戦時中を描いてきた映画の最後にちょっとだけ出て来る現代の場面ですね。このワンシーンだけの撮影だったから、自前の洋服で出ちゃいました。

——さてこの八三年に公開の東映セントラルフィルム製作、野坂昭如原作、向井寛監督『四畳半色の濡衣』ではけっこう重要な役でしたね。

戦前の娼婦たちの群像劇ですね。私は美保純さんが訪ねてくる遊郭の女郎役。新入りの美保さんをいじめたり、大喧嘩してけがさせたりするけれど、根は悪い人間じゃなくて彼女の悲しい恋を応援する側に回るんですね。もともと意地悪な人というわけじゃなくて、暗い過去がそうさせている、というのも後でわかる。

——美保純がデビューしたての頃で、その人気にあやかって東映セントラルフィルムが製作した小品ですね。製作条件が厳しそうですが、ピンク映画出身の手だれの向井寛監督が小味な作風で撮りあげていますね。あの風情ある遊郭はロケセットなのですか？

名古屋の青線の名残りと聞きましたが、遊郭の跡地でロケされたんです。撮影は全部名古屋でしたね。泊まりになると、宴会になって山谷初男さん、楠田薫さんといったベテランの俳優さんたちがいいお話を聞かせてくださったなあ。

＊

三七年生まれの向井寛監督はピンク映画で名をなしたが、後に名プロデューサーの黒澤満率いる東映の子会社・東映セントラルフィルムの設立に参加した後、若松孝二監督『餌食』（七九年）のプロデュースや田村順子主演の『おんな6丁目　蜜の味』（八二年）といった作品の監督をつとめていた。東映セントラルフィルムは、「遊戯」

シリーズなど松田優作の主演映画で知られるが、そういったアクションはもとよりコメディ、ピンク作品まで幅広い中小規模の娯楽映画を送り出し続けた。

困窮する撮影所がコストとリスクの排除のために自社製作を忌避するようになった後、東映セントラルフィルムはまさに撮影所のプログラム・ピクチャーの戯作精神を継承する貴重な拠点となった。六〇年代に撮影所のプログラム・ピクチャーから出発し、それにとってかわったテレビ映画の世界を渡り歩いた後、今度は七〇年代の撮影所の衰退をばねにして新しいかたちのプログラム・ピクチャーを開拓していた深作欣二や、その後の東映セントラルフィルムと出会っていったひし美ゆり子は、斜陽期の日本映画史を映す鏡のような存在であった。

こうしてプログラム・ピクチャー最後の灯をともさんとする現場で朗らかに演技していたひし美ゆり子だが、かかる邦画の伝統の延長にある現場の消滅とともに映画からも離れることとなった。後にもひし美は映画やVシネマの現場に呼ばれることがあったが、邦画の伝統から切れた若いスタッフたちの連携の悪さ、技術的不備にはしばしば唖然とさせられ、時には過去の映画作品に不勉強なスタッフからエキストラと間違われるという罰当たりな珍事もあり、ひし美もさすがに慎重にならざるを得なくなった。

第五章——

万華鏡の女

伝説の過去よりネットの現在へ

アンヌ・ブームが起こる

八〇年代半ば以降、映画、テレビの世界から離脱していたひし美ゆり子が改めてわれわれの視界に再浮上したのは、八〇年代後半以降、あの思い出のアンヌ隊員のブームがじわじわと起こりはじめ、九七年にひし美がアンヌ時代を回想した著作『セブンセブン　セブン　わたしの恋人ウルトラセブン』(小学館)を上梓したあたりのことである。

ここには今や自明のことだが、映像メディアをめぐるもうひとつの大きな変化、今度は作り手ではなく受け手の側の環境の激変が反映している。つまり、八〇年代を通してのビデオ機器の普及により、『ウルトラセブン』は本放送や再放送で出会ったファンはもとより、世代を超えていつでも愉しむことのできるコンテンツとなったのだ。これは、現在ではあまりにもあたり前の感覚になってしまったが、当時の感覚を思い出してみれば、とても信じ難いことだった。われわれの子ども時代は、常に一期一会の気持ちで好きな番組のすべてを覚えていようと放送時には神経を集中させていたではないか。世の中には、その気持ちが高じて、チャンネル権をめぐって殺し合うきょうだいだっていたではないか。にもかかわらず、たとえば、そんな大好きな番組の筆頭にあがる『ウルトラセブン』を、手元に所有できて、かつ好きなだけ見返せる、アンヌ隊員にだっていつでも会うことができる……そんな夢のようなことがあっていいものか。

初めて私がビデオデッキを手に入れた八〇年代前半は、本当にそんな気分だったわけだが、とにかくこうしたビデオのおかげで『ウルトラセブン』は世代を超えて愉しめる「現在」になったのだった。そして往年の熱心な視聴者はもとより、当時は生まれてもいない若い世代まで、リアルタイムのアイドルを見るようにアンヌを眺めることができ、しかもその話題を共有できるようになったのだった。

そして、水面下でこんなことが進んでいるとは思いもよらぬひし美ゆり子は、アンヌ隊員のことなどすっかり過去のものとなっていたのに、放映当時すら存在しなかったアンヌ・ファンに出くわすことになる。

＊

――アンヌ・ブームの兆しが見えたのはいつ頃なのでしょう。

それははっきり覚えているんですが、本放送から二十年くらい経った八七年あたりに、私と主人がやっている調布の台湾料理店に、二十代後半くらいの男の子がアンヌのお人形を持って突然現れたんです（笑）。「お人形にサインしてください」って。もうアンヌのことは忘れていたし、その方面のオタクとかマニアの世界があることなんかまるで知らなかったし、今みたいに普通にフィギュアも売っていなかったから、なんで大の男がお人形持ってるのって（笑）不思議でしかたがなかった。

——本放送や再放送で見ていた世代が大きくなって現れたんですね。

そうなの。あの頃の子どもたちが二十代も半ばすぎになって、たとえばお酒飲みながら「俺、あの頃アンヌが好きだったんだよなー」って頷きあうようになった。その時分になって、遅れてきたブームに火がついたんですね。その八七年には真夜中に「セブン」の再放送があって、なんでこんな真夜中にやってるんだろう？　って首を傾げてたの。私は「セブン」は子ども番組だと思っていたから。まさかかつての子どもたちが大きくなって、懐かしくそれを見ていたとは気づかなかった。本当にこの頃まではアンヌのアの字もなかったですからね。

——今と違って六〇年代や七〇年代のテレビ作品は、その場限りで消費されて忘れ去られるものという認識でしたね。ひし美さんにとってもアンヌは何十年も前の、あるひとつのお仕事の中でたまたまこなした役柄に過ぎなかったわけですよね。

本当にそうなんです。こっちはそんな番組なんて、今でいえばツイッターみたいに流れて消えるものだと思ってたもんだから、アンヌを演じていても一番嬉しかったのは「お疲れさまー！」の瞬間だった（笑）。台詞ないけど映るかもしれないから残ってて、なんて言われるといやでいやで。だから本当に仕事を愛してはいない、当時でいえばＢＧ女優？

――ところが時代は移り変わって、かつては一期一会だったテレビ番組がビデオになって、世代を超えて幾度も見られるようになった……。

まさか日本じゅうがビデオを持つ時代になるとは夢にも思わなかったですからね。七八年に田宮二郎さんが猟銃自殺した時、そのすぐ後に田宮さん主演のドラマ『白い巨塔』の最終回が放映されるっていうので、ソニーのベータのビデオデッキを買ったんです（笑）。それが三〇万円近くしましたから……。でも結局そういう技術の進化で皆がビデオを持てるようになったことで、『ウルトラセブン』は改めて語り継がれているんでしょう。それは、「セブン」が大人になっても繰り返し見られる質の高い作品だという証しかもしれませんね。

――そんな時代の一巡を象徴する企画が、九三年二月にＮＨＫで放映された市川森一脚本『私が愛したウルトラセブン』ですね。アイドル歌手だった田村英里子がアンヌに扮しました。

あれは「セブン」をリアルタイムで見て育った世代が成長して作り手にまわった作品なんです。どうしても駆け出しの頃の未熟な演技を思い出すから、実は私としてはアンヌを心の中で封印していたんですが、こうして「セブン」とアンヌに大変な愛着を持ってくださっているファンの方々を知って、もう一度「セブン」の頃を振り返ってみようかな、という気持ちにもなりました。

――『私が愛したウルトラセブン』は、しかしいろいろ事実とは違うかたちに脚色されていましたね。

市川森一さんは、あの番組はアンヌへのラブレターだとおっしゃっていた。だから、田村英里子さんのアンヌは爽やかにギターをつまびいて『ウルトラセブン』の歌を皆に唄って聞かせるような、ずいぶん清純でかわいく美化されたアンヌなんです。だって実際の私はギターも弾けないどころか軍歌とその替え歌が専門でしたから（笑）。

――それにしても、旧作の二次利用、三次利用で『ウルトラセブン』が新しい世代に申し送りされていることに加えて、ひし美さんご自身が「過去の人」ではなくて、インターネット上で現役としていきいきと活躍されていることも、アンヌ人気を根強くしていると思うのですが、よくこんなに身軽にネット文化に親しまれていますよね。メディアという意味では、ひし美さんはテレビすら普及していない時代にお育ちになったわけですから……。

円谷ファンにはパソコンをやる人が多いから、これまた何となくそこに巻き込まれちゃうのよね（笑）。最初はちんぷんかんぷんだったけど、そのうち独学でわかるようになってきて。ツイッターはまだまだ使いこなし方がよくつかめてないけれど、ツイッターのおかげでブログを見に来る人も増えたみたいです。

——しかもそのブログアクセス数が時として約一五〇万件中のベストテンにランクインしたこともあったとか。アンヌはネットアイドルに転生したと言っても過言ではない（笑）。

確か二〇〇八年の四月かな。「ウルトラマン」の映画（『大決戦！超ウルトラ8兄弟』）の新作記者会見で、森次晃嗣さんが「物語の中でダンとアンヌは結婚しているんです」と発言したら、翌日のスポーツ紙などに「ダンとアンヌが結婚！」という見出しが躍って、その影響で八位になっちゃったんです（笑）。私はその記者会見があったことすら知らなかったから、「これはいったい何?!」と驚くばかりでしたが。そんなふうに、時代やメディアは変わってもアンヌというのは気になる存在なのかなあ。

インターネットで「現在」を疾走する

ビデオだけでも衝撃的だったのに、記録メディアはレーザーディスク、ＤＶＤ、ブルーレイと進化を続け、数少ない地上波の番組だけを流していたテレビは、BS・CSと多チャンネル化が進んだだけでなく、二〇一一年には約六十年近く続いたアナログ放送が終了となり地上デジタル放送に統一される。テレビの劇的変化の一方で、パソコンの普及でインターネットによるコミュニケーションも瞬く間に一般化してしまった。国家機密に近い情報を、一個人がネットを通していとも気軽に、一瞬のうちに全世界に流布させることすら可能になってしまった。九〇年代以降の世界は、おそらくそれまで百年がかりだったメディアの進歩を十年でやり遂げるくらいの速度だったのではないか。

映像記録メディアの進歩によって、過去のひし美ゆり子の出演作や、かつての彼女の画像などは、ほとんど同列にディスプレイされる「今日」となった。そのことによってひし美ファンはいよいよ増えてゆくことになったが、驚くべきはこの流れに応えるように、ひし美自身がブログ、さらにはツイッターでファンたちと交流を持つようになっていたことだ。つまり、ひし美はくだんの種々のメディアの変化によって「過去」の人から「今日」の人になっただけでなく、いかにも今の時代を映して、ツイッターでのつぶやきにより「今日」どころか厳密な意味で今「現在」を表現し続けている。これにより、われわれは本当に今、ひし美が何をしているかをうかがい知り、運

10年以上続くブログは根強い人気を誇る。

いち早くツイッターでも活躍。

がよければ彼女とネットを通して対話することさえできる。

まるで偶然のことながら、七〇年代半ば、ひし美ゆり子が映画作品に出るのを実質的にやめたあたりを分岐点として、それ以前のひし美は映画やテレビ作品での記憶とともに骨董的に「過去」に生きる存在であったのが、それ以後はいつでも見なおせる「今日」となり、いよいよ最近は今この瞬間の「現在」になっている。テレビ以前のクラシックな映画撮影所からテレビ、インターネットまでを通して、しかもこれほど軽やかにそれぞれのメディアを機嫌よく乗りこなしてきた女優を、私は知らない。

二〇〇六年、ひし美は不意に訪れた押井守監督に熱心に出演を依頼された。しかも、その時はどういう役でひし美を起用するのかということも決まっておらず、要はとにかくひし美を撮りたいということであった。五一年生まれの押井守は、八四年『うる星やつら2　ビューティフル・ドリーマー』、九三年『機動警察パトレイバー2　the　Movie』、九五年『GHOST　IN　THE　SHELL／攻殻機動隊』、〇四年『イノセンス』など独自の技術とロジックが横溢するアニメーション映画で、つとに知られるように『マトリックス』の監督ウォシャウスキー兄弟を初め海外のクリエーターたちにも大きな影響を与えているが、八七年『紅い眼鏡』、〇一年『アヴァロン』といった特異な実写作品も手がけている。

ひし美に捧げられた企画とはオムニバス映画『真・女立喰師列伝』（〇七年）の中の一篇「金魚姫　鼈甲《べっこう》飴の有理」であった。高度成長期の日本にいたという、縁日の飴細工の屋台で難しい金魚の飴細工を注文して、気に入れば自分の金魚の刺青を差出し、さもなくば飴細工を全部かっさらって行ったという伝説の立喰師・菱見有理。ところがこの女は七〇年安保の頃を境にすっかり姿を消してしまった。そして現在、彼女の足跡を追うひとりのカメラマンは、さる著名な彫り師からの情報を得て、伊豆の日本家屋にひっそりと住む有理のもとを尋ね、ついにその背中と胸に彫られた伝説的な金魚の刺青を撮影することになる……。

＊

──押井守監督から初めてオファーが来た時はどんな感じだったのですか。

旧知の友人を従えて主人の経営するエスニック・レストランにお見えになって、突然〝長年のファンです。僕の映画に出ていただけませんか〟とおっしゃったんです。

──その時はどんな作品なのか説明はあったのですか。

どういうものを作るかは全く決めていなかったみたい（笑）。二、三年後になると

『真・女立喰師列伝』で押井守からオマージュを捧げられる。

いう気の長い話でした（笑）。お連れのどなたかが「押井さんのヰタ・セクスアリスなんですよ」と笑っておられました。とにかく私が撮りたいんだということで、刺青のお話だけはされていたかなあ……。実写なので、この刺青がとにかくお金がかかるんです、とかおっしゃっていたような記憶があります。それで私は押井さんの作品を拝見したこともなかったから、周りに相談したら〝ひし美さん、押井さんは大変な鬼才なんだから、内容がどうこうではなくて絶対引き受けるべきですよ！〟と言われまして（笑）、それじゃあお受けしようかなということになったんです。

――出演をＯＫしてあがってきた脚本を読んでどう思われましたか。

読んだけど、女の立喰師というのがいて、どうのこうのと……もうよくわからないから、押井さんを信頼してお任せしますって感じでしたね（笑）。

――しかし、金魚の刺青というのは、押井さんよくもあんなことを考えるなあと思いました。だってこれは、いかにも洒落た「脱ぐ必然性」ですから（笑）。

おまけに私ったら、どうせメイクで金魚の刺青を入れるんだったら、背中だけじゃなくて前にも小さいのを入れて、背中だけのバージョンと胸元も入ったバージョンの二タイプを作ったら、二倍売れるんじゃないの？（笑）とか冗談半分で余計なこと言ったら、本当に前にも金魚を入れることになって（笑）。

――それはまたひし美さんの裸身を余すところなく撮りたい押井さんにしてみたら渡りに船というか、ひし美さんらしい気風のいいアイディアですね。しかしそんな行きがかり上のことで生まれた二匹の金魚に「背中のは修羅場をくぐるための大きな金魚」「胸元のは誓いをたてた人に捧げた小さな金魚」みたいなもっともらしい後付けの横顔を書いてしまうわけですから、押井さんもまあよくそんなことをお考えになるというか、したたかというか（笑）。

まったくですね（笑）。でも私、押井さんの理論はさっぱりわからないし、現場でもあんなに刺青にはお金がかかると言っていたのに、案外シールをペタッと貼っただけだったしね（笑）。撮影中も「はい、ちょっと反ってください」とか注文されるだけで特に演技指導もなくすぐに終わってしまって、鬼才の抜擢と聞いていた割には「え？　これでおしまい」（笑）って消化不良な感じでした。表札の名前も「菱見有理」って書いてあるし、押井さんは私を題材にして遊んじゃっているのかなあ、でもそれがいいのかなあ……なんて、あれこれ思いました。

――きっと押井さんは、「現在」のひし美さんそのものというよりも、ご自分の「伝説」の中にいるイメージのひし美さんを見ていたのではないですか。

そうなんですよ。監督によっては、今の私に最大限の愛情を寄せてくださって、現場の台所事情も厳しいでしょうにオリジナルの衣裳を作ってくださったり、私のやりやすさを優先して現場の雰囲気を作って下さったり、ということも未だあるんですね。でも押井さんの場合は、ご自分の中にあるひし美ゆり子のイメージを撮りたくて、今の私を大事にしているというよりは、ご自分のイメージを大事にして、ご自分の遊びを一所懸命やっている……という印象でした。これは皮肉でも苦言でもなんでもなくて、押井さんはご自分にいちばん愛情があるって感じかな。もちろん、押井さんご本

ひし美の旧作の回顧上映は繰り返し行なわれている。これは2010年のもの。

人は鬼才だからと威張ってもいないし、人間としてはとてもお優しい方ですけれども。

――なるほど。それはさすがに鋭い……ひし美さんならではのラディカルな見解ですね。押井さんの強烈な作品世界は、まさにそこで成り立っているわけですからね。それで、出来た作品をご覧になっていかがでしたか。

いやあ、よくわかりませんでしたね（笑）。私は昔からシュールなものとか、ATGとか芸術祭参加ドラマとか、さっぱりダメだから（笑）。昔からテレビでちょっと難しいドラマをやっていると、父親を筆頭に家族で「ああ、芸術祭参加作品かあ」って怪訝《けげん》そうに言ってましたからねえ（笑）。

＊

高度成長期から七〇年あたりまでを駆け抜けた「鼈甲飴の有理」とは、まさにアンヌのことではなかろうか。高校生の時、ＳＦ的な関心から『ウルトラセブン』の熱心な視聴者であった押井守は、アンヌに恋し、後にはひっそり上映されていた『鏡の中の野心』でのひし美の映像を眼に刻みつけるべく（！）一週間のうち五日は劇場に通い詰めたという。押井守にとって、アンヌは、ひし美ゆり子は、あの時代の記憶の幻の中に住んでいるものだ。

しかし、現実のネット時代を生きるひし美は、自らそういう大過去の伝説をふりきって「今日」、いや「現在」をあっけらかんと走っている。その疾駆ぶりは、『好色元禄㊙物語』で見せたような、あの勢いのよさそのままだ。あたかも押井守は、その四十年ぶりに再会したひし美を、金魚姫として伝説のなかに舞い戻らせようとしたのかも知れない。

その証に、押井はこの作品で、実に耳順《じじゅん》も目前であったひし美の裸身を、四十年前の『鏡の中の野心』に通い詰めていた頃と同じ、崇めるような眼差しでとらえている。そしてまた、受けて立つひし美の裸身も、とても四十年の歳月を感じさせない美しさだ。押井が続いてアニメ映画『スカイ・クロラ The Sky Crawlers』（〇八年）でひし美を起用したのは、戦闘機乗りたちが集うダイナーの女・ユリの声優としてであったが、このユリという女と、彼女の住みかであるダイナーの雰囲気は、どこか時間が停止したままの静謐な過去のようであった。

だが、いかにこのデジタルの時代に、あの頃の自分の心の暗がりではぐくんでいた伝説の中にひし美を送り返そうとしても、それは無理である。デジタル技術の最先端に身を置きながら、そのことをいちばんよく知っているのは、ほかでもない押井守な

ひし美を囲んで。右から、古谷敏、西恵子、樋口（左）。

のだから、これは妄執に近い旧世代の抵抗なのかもしれない。

しかし、そうやって崇める側の押井、そしてかねてひし美を愛し過ぎたわれわれは、どこかでデジタル時代の後ろに忘れ去られたあの「伝説」の匂いに強烈な未練があるのかもしれない。だが、当事者であるひし美ゆり子自身は、そんなわれわれよりもさらりと時代を受け入れて、自らのかぐわしい「伝説」がせわしない「情報」に置換される酷薄に何ら感傷を抱くでもなく、むしろ自ら率先して「情報」の海を好奇心とともに泳いでいるふうに見える。

鼈甲飴の有理を撮った写真家は、彼女の乳房をとらえたモノクロ写真を現像しながら、その「伝説」のイコンである金魚の刺青だけが鮮やかな赤い色といきいきした生の息吹きを発散させながら、すっとどこかへ泳ぎ去っていくさまを見る。まさにひし美ゆり子もこの金魚のように、時代時代を映し返して不思議な像を組み上げては崩し、気ままにどこかへすり抜けて行ってしまう「万華鏡の女」なのである。

おわりに

樋口尚文

ぼくらにとって、アンヌ隊員の何がそんなにかけがえのない思い出だったのか。それは幼い子どもだけが無垢に感じられる夢とめざめの象徴がアンヌだったからでしょう。夢。それは七〇年万博を目前に控えた当時の、科学と未来の輝かしい夢です（その科学の挫折が国難を呼び、私たちの未来をかくも暗澹たるものにしようとは！）。万博のパビリオンのようなモダンなデザインの戦闘機、車、基地。そこで働くキュートなアンヌ隊員は、わたしたちを科学の夢に誘ってくれました。そして、めざめ。ぼくらは、当時誰も恥ずかしくて語り合いませんでしたが、アンヌ隊員のキュートな雰囲気に恋していました。そこに、来るべき性のめざめの予感を、ぼくらは感じていたのです。こんな夢とめざめの象徴であるアンヌは、いわばぼくらの大切な子どもの時間そのものの記憶としてあるのです。そんなアンヌを演じてくださったひし美さんと、今こうしてご一緒に一冊の本を著すことができた僥倖《ぎょうこう》を、M78星雲の光の国に感謝せずにはいられません。

はじめ、ひし美さんの女優人生を一冊の本にまとめたいのですがと蛮勇をふるって申し上げたら、「樋口さんは私のことをとても好意的にとらえようとしてくださるから、本物以上によく見えるかもしれないけれど、私は代表作もそんなにない大したことない女優だし、何事も深く考えないでその場その場の事情に流されるようにやってきただけだから、とても一冊の本に出来るような存在じゃない。その事は私がいちばんわかってるんですよ」と冷静な自己分析とともに躊躇《ちゅうちょ》された。ひし美さんは、いわゆる女優さんには珍しい潔癖な客観性の持ち主であって、ちやほやした取り巻きじみた甘言のいい加減さには（たいていはあのけろりとした笑顔で聞き流されているが）ひじょうに敏感な方だ。

そこで私は即座に「いえ、私は盲信的なファンのように、むやみにひし美さんを賛美するような本を書きたいのではありません。私はむしろ〝その場その場の事情に流されるようにやってきた〟ひし美さんのあり方がすこぶる興味深いのです」と言って、試みに本書の「序章」に相当する文章を書いた。これを読んだひし美さんから、「あなたは私と知り合って間もないのに、本当に冷静に私のことをわかって下さっていて驚きました。こういうお話なら、お引き受けいたします」とご寛大なメールをいただいて、幾度にもわたる長いインタビューと執筆に明け暮れる一年が始まったのです。それにしてもこの過程で、ひし美さんの驚嘆すべき記憶力にはたびたび助けられ、閃《ひらめ》きに満ちたアイディアに鼓舞されることしきりでした。本書のタイトルひとつにしても、私がフランス文学ふうに「鏡の女」という題をつけてほぼ決まりかけつつ、何かもうひとつ色が欲しいなあと内心思っていたら、急に「万華鏡の女はどうかしら?」というひし美さんからのお電話をいただいてわが意を得たり、という経緯がありました。

二十年前に遡る『グッドモーニング、ゴジラ』に始まって、筑摩書房の青木真次氏との仕事は本書で五冊目を数えますが、この長い共犯関係にまずは感謝したいと思います。そして、かつてアンヌ隊員として私たちの心を射抜いたひし美ゆり子さんは、今もなお若々しく輝きを失わず、いつも朗らかな艶のある語りを通して、われわれを改めてノックアウトしてくれました。思えば私たちの共犯関係は、四十余年前にこのセクシーな鉄火肌の姐御によって予め仕掛けられたものであったのかも知れません。

おわりに

ひし美ゆり子

男性はファンタジアに生きているから、いつまでも空想の世界を彷徨《さまよ》っている。「アンヌ隊員に初めて女性を感じた」と、三十年も経って何人かの「元少年」から聞かされました。アンヌ隊員役からお色気女優を経て女優廃業までたったの八年間、幼稚園や小学校低学年の頃から私を熱心に追っていた少年がいたことなど全く気づきませんでした。そして、アンヌ隊員という役で女性の優しさや健気さを演じた後は、時代のなすがままに流されて、気がつけばお色気が売り物の女優になっていました。

私がもしも天涯孤独だったら、そのまま女優を続けていたかも知れません。しかし、裸とお色気が売り物とされた女優は、家族のことを考えて今が潮時と思い至りました。昭和五〇年のことです。あの頃の、ぶきっちょでいつもドキドキしていて、真っ正直で呑み込みの悪かった私としては、早く辞めて楽になりたいというのが本音だったたかも知れません。

　その年は映画が『好色元禄㊙物語』『新仁義なき戦い　組長の首』、テレビがレギュラーの刑事物『大非常線』（翌年一月から放送開始）、昼の帯ドラマ『手紙』、ＮＨＫ『新・坊っちゃん』などのドラマに加えてバラエティ番組にまでトライして、ひし美ゆり子が後にも先にも一番忙しい年でした。そんな、女優としてまさにこれからという時に、私はすっぱりと辞めてしまったのです。その当時、あの前衛作家・寺山修司氏までもが仕事で声をかけて下さったのに、逃げてしまった。あら勿体《もったい》ない！　と思われるでしょうが、正直に言うと私は人見知りのせいか女優意識も希薄で、あまり一生懸命ではなかったのです。晩年の実相寺昭雄監督と対談をした時も、監督いわく「君はいつも僕から逃げていたね」。確かに私は逃げていました。実相寺監督はそんな私をいつも遠くから見ていて下さったのですね。

　こうして押井守監督からのオファー作品『真・女立喰師列伝』そのままに、女優・ひし美ゆり子はまさに皆さんの前から忽然《こつぜん》と姿を消したのでした。それなのに、未ださまざまな仕事のオファーが後を絶たないことを、昔からの女優仲間に不思議がられています。その最大の理由はもちろん、再放送・ビデオ・ＬＤ・ＤＶＤとエンドレスに人気を維持し続けている特撮ドラマの金字塔『ウルトラセブン』に出演したからでしょう。自分は本当にお気楽女優だったので、もしも『ウルトラセブン』に出演していなければ、今どき新たな仕事のオファーもあったかどうか。あの頃、一丸となって製作していたスタッフの方々に改めて感謝します。

最後にひし美ゆり子に興味を抱いて頂き、この本の刊行にご尽力頂いた共著者の樋口尚文さんと筑摩書房の青木真次さん、お疲れさまでした。またひとつ私の宝物ができました。有難うございました。

二〇一一年　四月

フィルモグラフィ

♣……菱見地谷子名義で出演
♥……菱見百合子名義で出演
♠……堤杏子名義で出演
それ以外はすべて、ひし美ゆり子名義で出演

映画

1966（S41）年
パンチ野郎♣（東宝）監督：岩内克己／脚本：田波靖男
あこがれ♣（東宝）原作：木下恵介『記念樹』／監督：恩地日出夫／脚本：山田太一
お嫁においで♣（東宝）監督：本多猪四郎／脚本：松山善三
落語野郎　大馬鹿時代♣（東宝）監修：安藤鶴夫／監督：杉江敏男／脚本：新井一・吉松安五郎・椿澄夫
1967（S42）年
レッツゴー！若大将♣（東宝）監督：岩内克己／脚本：田波靖男
クレージーだよ天下無敵♣（東宝）監督：坪島孝／脚本：田波靖男
颱風とざくろ♥（東宝）原作：石坂洋次郎／監督：須川栄三／脚本：井手俊郎

1970（S45）年
ブラボー！若大将♥（東京映画）監督：岩内克己／脚本：田波靖男
俺の空だぜ！若大将♥（東京映画）監督：小谷承靖／脚本：田波靖男
ひらヒラ社員　夕日くん♥（東宝）原作：サトウ・サンペイ／監督：石田勝心／脚本：田波靖男
1971（S46）年
走れ！コウタロー　喜劇・男だから泣くサ♥（東京映画）監督：山本邦彦／脚本：山本邦彦・中西隆三
昭和ひとけた社長対ふたけた社員♥（東宝）監督：石田勝心／脚本：笠原良三
昭和ひとけた社長対ふたけた社員・月月火水木金金♥（東宝）監督：石田勝心／脚本：笠原良三
1972（S47）年
地球攻撃命令　ゴジラ対ガイガン♥（東宝）監督：福田純／特殊技術：中野昭慶／脚本：関沢新一
鏡の中の野心♠（東活プロ）原作：戸川昌子／監督：小林悟／脚本：松浦健郎
不良番長　一網打尽（東映東京）監督：野田幸男／脚本：松本功・山本英明
不良番長　骨までしゃぶれ（東映東京）監督：野田幸男／脚本：松本功・山本英明
1973（S48）年

同棲時代　今日子と次郎（松竹）原作：上村一夫／監督：山根成之／脚本：石森史郎
ポルノ時代劇　忘八武士道（東映京都）原作：小池一雄・小島剛夕／監督：石井輝男／脚本：佐治乾
まむしの兄弟　刑務所暮し四年半（東映京都）原案：斯波道男／監督：山下耕作／脚本：野上龍雄
高校生無頼控　突きのムラマサ（国際放映・東宝）原作：小池一雄・芳谷圭児／監督：江崎実生／脚本：小池一雄
高校生無頼控　感じるゥ～ムラマサ（国際放映・東宝）原作：小池一雄・芳谷圭児／監督：江崎実生／脚本：山崎巌
三池監獄　兇悪犯（東映京都）監督：小沢茂弘／脚本：高田宏治
1974（S49）年
妹（日活）監督：藤田敏八／脚本：内田栄一
メス（松竹）原作：柿沼宏・松森正／監督：貞永方久／脚本：森崎東・桃井章
1975（S50）年
昭和枯れすすき（松竹）原作：結城昌治／監督：野村芳太郎／脚本：新藤兼人
好色元禄㊙物語（東映京都）監督：関本郁夫／脚本：田中陽造
新仁義なき戦い　組長の首（東映京都）監督：深作欣二／脚本：佐治乾・田中陽造・高田宏治

1979（S54）年
黄金の犬（大映）原作：西村寿行／監督：山根成之／脚本：白坂依志夫・加藤盟
1980（S55）年
海潮音（シネマハウト・ATG）監督・脚本：橋浦方人
ぼくはSLをみた（東映）監督：若杉光夫／脚本：宮崎晃
1983（S58）年
この子を残して（松竹・ホリ企画製作）原作：永井隆／監督：木下恵介／脚本：木下恵介・山田太一
四畳半色の濡衣（東映セントラルフィルム）原作：野坂昭如／監督：向井寛／脚本：阿部桂一・片岡修二
1996（H8）年
亡霊学級（大映）原作：つのだじろう／監督：鶴田法男／脚本：小川智子・鶴田法男
1997（H9）年
ウルトラマンゼアス2　超人大戦・光と影（円谷プロダクション・ソニーミュージックエンタテインメント・電通）監督・特技監督：小中和哉／脚本：斎藤和典
野獣死すべし（大映）原作：大藪春彦／監督：廣西眞人／脚本：森岡利行
2006（H18）年
野獣死すべし・復讐篇（大映）原作：大藪春彦／監督：廣西眞人／脚本：森岡利行

シルバー假面「第参話」（ジェネオンエンタテインメント）総監修：実相寺昭雄／監督：服部光則／脚本：中野貴雄

ウルトラマンメビウス&ウルトラ兄弟（製作委員会円谷プロほか・松竹）監督：小中和哉／脚本：長谷川圭一

2007（H19）年

真・女立喰師列伝「金魚姫鼈甲飴の有理」（ジェネオンエンタテインメント）監督・脚本：押井守

2008（H20）年

大決戦！超ウルトラ8兄弟（製作委員会円谷プロほか・松竹）監督：八木毅／脚本：長谷川圭一

スカイ・クロラ The Sky Crawlers（製作委員会・ワーナー・ブラザース）原作：森博嗣／監督：押井守／脚本：伊藤ちひろ

2013（H25）年

インターミッション（東北新社・オブスキュラ）監督：樋口尚文／脚本：樋口尚文・港岳彦

2016（H28）年

校庭に東風吹いて（ゴーゴービジュアル企画）監督：金田敬／脚本：長津晴子

テレビ

1967（S42）年

ただいま見習中「逃げないでママ」♣（CX・2月5日・夜9時）監督：岩城英二／脚本：小宮敬

天下の青年♥（CX・4月3日～7月10日・月曜夜8時）演出：杉江敏男・福田純／脚本：才賀明・小沢洋

ウルトラセブン♥（TBS・10月1日～'68年9月8日・日曜夜7時）監修：円谷英二

1968（S43）年

37階の男第14話～♥（NTV・10月27日～12月29日・日曜夜9時30分）演出：山本迪夫ほか／脚本：松浦健郎ほか

フジ三太郎♥（TBS・10月6日～'69年9月28日・日曜夜9時）原作：サトウ・サンペイ

ナショナル劇場　ドカンと一発！♥（TBS・10月29日・月曜夜8時）

1969（S44）年

東京コンバット第22話～♥（CX・3月4日～9月23日・火曜夜8時）

おーい幸福第五話「オーイ、バカンス」（NTV・8月25日・月曜夜8時）演出：長野卓／脚本：杉本彰

鬼平犯科帳♥第5話（NET・11月4日・火曜夜9時）監督：小林恒夫／脚本：野上龍雄

1970（S45）年

ポーラ名作劇場　大変だァ♥（TBS・1月12日〜3月30日・月〜金曜昼1時）原作：遠藤周作／演出：山内和郎／脚本：矢代静一
テレビスター劇場　待ったなし♥（NET・4月6日〜6月29日・夜10時）演出：太田匡彦／脚本：西条道彦
花王愛の劇場2　愛と死と♥（TBS・6月29日〜8月28日・月〜金曜昼1時）
火曜日の女シリーズ　蒼いけものたち♥（NTV・8月25日〜9月29日・火曜夜9時30分）原作：横溝正史『犬神家の一族』／演出：鈴木敏郎／脚本：佐々木守
金メダルへのターン！♥第23話（フジテレビ・月曜夜7時）監督：長野卓／脚本：田村多津夫
オバゲバ学園奮戦記♥（東京12チャンネル・7月5日〜9月27日・日曜昼12時30分）
1971（S46）年
旗本退屈男第21話（フジテレビ・2月23日・火曜夜8時）監督：若林幹／脚本：桜井康裕
人形佐七捕物帳第1話、第3話、第4話、第6話、第14話（NET・4月10日〜7月10日・土曜夜8時）監督：田中徳三、高瀬昌弘、若林幹／脚本：松浦健郎、桜井康裕、松山威、茶木克彰、小川英
夫婦ずし繁盛記♥（CX・7月3日〜9月25日・土曜夜9時30分）演出：星野隆秀
鬼平犯科帳第2シリーズ第10話（NET・12月9日・木曜夜10時）監督：小野田嘉幹／脚本：安倍徹郎

1972（S47）年

ミラーマン第7話「打倒！人体侵略計画」（CX・1月23日・日曜夜7時）監督：満田䅁／脚本：安藤豊弘／特殊技術：高野宏一

弥次喜多隠密道中第24話「過去を持つ男」（NTV・3月16日・木曜夜8時）監督：山田達雄／脚本：直居欣也

こんな男でよかったら（NTV・4月2日〜9月29日・火曜夜10時）原作：早坂暁／演出：萩野慶人ほか／脚本：早坂暁・鎌田敏夫ほか

荒野の素浪人第21話（NET・5月23日・火曜夜9時）監督：若林幹／脚本：柴英三郎

飛び出せ！青春第37話（NTV・12月31日・日曜夜8時）監督：高瀬昌弘／脚本：鎌田敏夫

1973（S48）年

プレイガール（東京12チャンネル・5月28日〜'74年9月30日・月曜夜9時）監督：江崎実生・野田幸男ほか／脚本：押川国秋・山崎巌ほか

太陽にほえろ！第53話「ジーパン刑事登場」（NTV・7月20日・金曜夜8時）監督：高瀬昌弘／脚本：鎌田敏夫

ポーラテレビ小説　愛子（TBS・10月1日〜'74年3月29日・月〜金曜昼12時40分）原作：佐藤愛子

1974（S49）年

帽子とひまわり第14話（NHK・7月3日・水曜夜8時）監督：深町幸男／脚本：高橋玄洋

ウルトラマンレオ第29話「運命の再会!ダンとアンヌ」(TBS・10月25日・金曜夜8時)
監督:山本正孝/脚本:阿井文瓶/特撮監督:矢島信男
1975(S50)年
非情のライセンス第2部第26話「兇悪の友情」(NET・3月27日・木曜夜10時)原作:生島治郎/監督:田中秀夫/脚本:松浦健郎
晩秋第2話(日本テレビ・7月10日・木曜夜10時)脚本:山田信夫
ザ★ゴリラ7第23話(NET・9月5日・金曜夜9時)監督:田中秀夫/脚本:流和也
新・坊っちゃん(NHK・10月17日~'76年3月26日・金曜夜8時)演出:中山三雄/脚本:市川森一
愛のサスペンス劇場　手紙——殺しへの招待(NTV・11月3日~11月28日・月~金曜昼1時30分)演出:前田陽一
1976(S51)年
大非常線(NET・1月23日~3月26日・金曜夜9時)監督:西村潔ほか/脚本:小川英・四十物光男ほか
1977(S52)年
銭形平次第567話「涙の帰り花」(フジテレビ・3月30日・水曜夜8時)
1978(S53)年
人形佐七捕物帳第27話「豆六に女難の相!」(ANB・11月5日・土曜夜8時)監督:池広

一夫／脚本：鈴木生朗
銀河テレビ小説　新自由学校（ＮＨＫ・1月9日〜2月3日・月〜金曜夜9時40分）原作：獅子文六
土曜ワイド劇場「恐怖の大渦巻」（テレビ朝日・8月5日・土曜夜9時2分）監督：斎藤武市／脚本：新藤兼人
土曜ドラマ「鎌田敏夫シリーズ・十字路」第2話（ＮＨＫ・12月9日・土曜夜8時）監督：小林平八郎／脚本：鎌田敏夫
1979（Ｓ54）年
熱中時代・刑事編第13話「新婚旅行で大手柄」（日本テレビ・6月30日・土曜夜9時）監督：田中知巳／脚本：布勢博一
土曜ワイド劇場　自画像の怪　夫の亡霊に脅える女（ＡＮＢ・9月8日・土曜夜9時2分）監督：吉川一義／脚本：須崎かつや
家路　ママ・ドント・クライ（ＴＢＳ・水曜夜9時）脚本：石堂淑朗
ザ・スーパーガール第17話（テレビ東京・月曜夜9時）監督：井上梅次／脚本：山本英明・江里明
1980（Ｓ55）年
必殺仕事人第42話（ＡＢＣ・3月7日）監督：田中徳三／脚本：石森史郎
土曜ワイド劇場　悪霊の住む家　危険な誘惑（ＡＮＢ・6月7日・土曜夜9時2分）監督：

鈴木英夫／脚本：村尾昭
陽気な逃亡（CX・8月16日〜11月1日・土曜夜9時）演出：杉田成道／脚本：池端俊策・榊彩
特命刑事第5話（NTV・8月26日・火曜夜9時）監督：野田幸男／脚本：宮田雪
新五捕物帳第113話（NTV・9月2日）監督：林伸憲／脚本：茶木克彰
1981（S56）年
特捜最前線第226話「太鼓を打つ刑事！」（NET／ANB・9月16日・水曜夜10時）監督：辻理／脚本：塙五郎
1982（S57）年
特捜最前線第265話「遠い炎の記憶！」（6月16日）監督：野田幸男／脚本：阿井文瓶
こども傑作シリーズ第28話「おとうさんのつうしんぼ」（ANB・11月9日・火曜夜7時30分）監督：山際永三／脚本：田口成光
暁に斬る！第7話（フジテレビ・11月16日・火曜10時）監督：長谷川安春／脚本：小川英・尾西兼一
新五捕物帳第186話（NTV・7月13日）監督：西山正輝／脚本：横田与志
1983（S58）年
ママの涙はハート色（フジテレビ・1月19日・水曜夜7時半）監督：小林俊一／脚本：松木ひろし

御宿かわせみ第2期「梅一輪」（NHK・2月23日・水曜夜8時）演出：竹内豊／脚本：大西信行
特捜最前線第334話「東京犯罪ガイド！」（10月19日）監督：辻理／脚本：塙五郎
1984（S59）年
必殺仕切人（ABC／ANB・8月31日～12月28日・金曜夜10時）監督：松野宏軌ほか／脚本：吉田剛ほか
花さくらんぼ（TBS・月曜～金曜昼1時）
1985（S60）年
土曜ワイド劇場　探偵・神津恭介の殺人推理　影なき女（ANB・2月2日・土曜夜9時2分）原作：高木彬光／監督：野田幸男／脚本：下飯坂菊馬
迷宮課刑事おみやさん第1話（テレビ朝日・8月2日）監督：貞永方久／脚本：長野洋
1987（S62）年
電撃戦隊チェンジマン第32話、第33話（ANB・9月7日、14日・土曜夜6時）監督：堀長文／脚本：曽田博久
火曜サスペンス劇場　ガラスの家族（NTV・12月17日・火曜夜9時2分）監督：児玉進／脚本：押川国秋・児玉進
光戦隊マスクマン第6話「夢のゴッドハンド」（ANB・4月4日・土曜夜6時）監督：長石多可男／脚本：曽田博久

赤ちゃんに乾杯！（TBS・10月10日～12月26日・土曜夜10時）演出：森田光則／脚本：水城ゆう

1993（H5）年

土曜ドラマ　私が愛したウルトラセブン（NHK・2月20日・土曜夜8時）作：市川森一／演出：佐藤幹夫

1994（H6）年

太陽の日スペシャル　ウルトラセブン「太陽エネルギー作戦」（NTV・3月21日・日曜朝10時30分）監督・特撮監督：神澤信一／脚本：右田昌万

1996（H8）年

ネオ・ハイパーキッズ　電撃プレイガールズ・グラフィティ（NTV・7月2日、9日・火曜深夜1時5分）演出：河崎実／構成：佐藤利明

1998（H10）年

あした天気に第1話、第5話（NHK　BS-2・4月4日、5月2日・土曜夜8時）原作：平岩弓枝／演出：望月良雄、本木一博／脚本：布勢博一

七瀬ふたたび第11話、第12話（テレビ東京・6月21日、6月28日）監督：上野勝仁／脚本：林壮太郎

仮面天使ロゼッタ第7話、第9話（テレビ東京・8月5日、8月29日・日曜午前2時）監督：服部光則、／脚本：菅野弘、新間章正

1999（H11）年
幸せづくり第30話、第32話（東海テレビ・2月12日、2月16日・月曜〜金曜昼1時半）演出：藤木靖之、白川士／脚本：鹿水晶子
はいかい（テレビ東京・1月9日・土曜午前2時半）「Babble in the Night」監督：岩橋直哉
2007（H19）年
ULTRASEVEN X第12話（CBC・12月21日・土曜午前2時15分）監督：八木毅／脚本：小林雄次
2011（H23）年
牙狼〈GARO〉〜MAKAISENKI〜（テレビ東京・10月6日〜2012年3月29日）監督：雨宮慶太ほか／脚本：江良至、雨宮慶太、井上敏樹ほか
2012（H24）年
匿名探偵第五話（テレビ朝日・11月9日・金曜夜11時15分）演出：鴨義信／脚本：秋山純
2017（H29）年
怪獣倶楽部〜空想特撮青春記〜第四話（毎日放送・6月26日・月曜深夜0時50分）演出：青山貴洋／脚本：吹原幸太

舞台

1981（S56）年
新宿たった一夜物語（プロジェクト13・2月4日〜8日・新宿紀伊國屋ホール）作・演出：松山照夫

1983（S58）年
清水のジュリエット（田中プロモーション／プロジェクト13・7月3日〜8日・三越ロイヤルシアター）作：松山照夫／演出：島田順司／音楽監督：横田年昭

1984（S59）年
魔笛（田村企画・11月22日〜12月2日・三越ロイヤルシアター）作：松山照夫／演出：堀内正美

文庫化によせて

ひし美ゆり子

平成も終わろうという二〇一九年三月、共著者の樋口尚文氏が監修しているコンサート「冬木透の世界」への出演オファーがありましたが、一度辞退したんです。というのも、実はここ二、三年人前に出ることがどんどん億劫&怖くなって一人歩きが出来ない「子供返り」した状態になってしまって（笑）。

でも、せっかくのお誘いなので「あ〜そうだ！　私の大好きな西恵子さんと一緒の出演なら大丈夫です」とお引き受けしました。だってぇ、西恵子さんはいつも私と手を繋いで歩いて下さるんだもン。いわば杖になって下さるのです。そうこうしてホールに伺ってみると、楽屋に『ウルトラセブン』でお世話になった満田稔《かずほ》監督、飯島敏宏監督も来てくださって、とても嬉しかったですね。『万華鏡の女　女優ひし美ゆり子』が刊行された後、なんと『ウルトラセブン』放映から五十周年記念の年も過ぎてしまって、ただただビックリしています。

そして令和も半年ほど経てこの文庫化のお話を頂きました。

パソコン歴二二年になるのに、文中にはネットアイドルなる文面も出てくるのに、この私ったら近頃はパソコンすらも進化が速すぎて置いてきぼりおばぁちゃんと化しています。

最初の刊行から九年経ったのですね。いろいろありました。この初版本を出す前から家に帰らぬ連れ合いでしたが、三年前にあちらから三行半《みくだりはん》電話があって正式に役所に届けを出しに行きました。でも！　初孫も生まれ嬉しいこともありました。いまもって善くも悪しくも、あいかわらず「流されて」おりますが、それにかまけて万華鏡を廻す手が止まっております。

人生百年時代、いっそのこといま流行りのシニア婚活パーティーにでも参加して、楽しく老後生活を送る茶飲み相手を見つけて、万華鏡の手を動かしたいナ……夢デス！

二〇二〇年一月

樋口尚文が監修・司会をつとめた「冬木透の世界」(2019) にゲスト出演した、ひし美ゆり子 (西恵子とともに)。

「冬木透の世界」の楽屋にて。右手より中野昭慶、飯島敏宏、高橋奨 (指揮者)、西恵子、満田稿、その後ろにひし美ゆり子、樋口尚文。

文庫化によせて

樋口尚文

単行本『万華鏡の女　女優ひし美ゆり子』が刊行されたのは、二〇一一年五月二五日。早くも九年前のこととなりますが、この頃は東日本大震災の直後で、マスコミでは「第二の戦後」などという言葉がささやかれ、日本じゅうに陰鬱な空気がたちこめていた時期です。本書でひし美ゆり子さんが語ってくださった、日本が貧しさから夢とともにはいあがっていった高度成長期の思い出、それを映したひし美さんの陽性で艶っぽく、飄々とした人生の物語は、当時の憂鬱なる読者たちを元気づけてくれたことでしょう。そんな読者の一人であった俳優の山崎務さんが、「週刊文春」の連載「私の読書日記」にこんな機嫌よき書評を書いてくださいました。

「『万華鏡の女　女優ひし美ゆり子』は参考になった。美女が女優にスカウトされ、

本書の共著者の樋口尚文の映画監督デビュー作『インターミッション』(2013) に出演した、ひし美ゆり子（共演の畑中葉子と）。

「〝お給料もらって食べられたらいいや〟ってな」調子でやっているうちに、いつの間にか清楚なヒロインからセクシー女優になっている。体形がきれいでオッパイも大きかったのだ。当人は「お色気女優」ではなく「お気軽女優」と称し、どんぶらこどんぶらこと映画テレビ界を漂流し、結婚もし離婚再婚もし、きちんと子供もつくる。肩ひじ張らないかっこいい女性である。寺山修司や実相寺昭雄が追いかけていたらしいが、わかるような気がする。結局寺山は彼女をとり逃し、残念、二人のコラボレーションは実現しなかった。この人は「女優」のわくにはおさまらない。ひし美ゆり子は今、ネットアイドル」

天下の名優が「「女優」のわくにはおさまらない」ひし美さんの魅力を肯定し、「肩ひじ張らないかっこいい女性」という最大級の讃辞を贈ってくださったことで、さまざまなひし美さんの足跡の破片が、まとまった独自の魅力として像を結ぶように一度総覧総括しておきたいと思った共著者の私の意図は最大限に報われました。

本書が刊行された後の、もうひとつの椿事といえば、二〇一三年二月二三日公開の映画『インターミッション』を私が初の商業映画として監督し、その重要な役としてひし美さんにご出演いただいたことでしょう。これはたびたびひし美さんの特集上映を組み、私もよくトークのお相手として登壇していた銀座シネパトスという古い映画館が、まさにこれも東日本大震災の影響で閉館することとなったので、その劇場を舞台に撮影し、その劇場のラストショーとして公開するという世界に類をみない映画でありました。ここでのひし美さんは「爆弾魔の主婦」（！）というぶっ飛んだ設定で、お気楽に震災の憂鬱を吹き飛ばす役まわりでした。

震災の頃はいったいどうなることかと思われた日本ですが、九年後の今年はまさかの二度目の東京オリンピック開催の年となりました。とはいえ、わが国に前のオリンピックの頃のような希望や活気の再来は到底確認できません。ぜひ文庫化された本書を読んで、読者諸兄姉にはひし美さんのあのお茶目な陽気さと気風にふれて元気をもらって頂きたいと思います。

二〇二〇年一月

2017年、シネマヴェーラ渋谷での主演作『好色元禄㊙物語』上映時のトークにて。ひし美ゆり子、関本郁夫監督、樋口尚文。

2017年、池袋新文芸坐での実相寺昭雄回顧オールナイトのトーク楽屋にて。ひし美ゆり子、三輪ひとみ、樋口尚文。

本書は二〇一一年五月二五日、小社より単行本が刊行されました。

劇画 ヒットラー　水木しげる
ドイツ民衆を熱狂させた独裁者アドルフ・ヒットラーとはどんな人間だったのか。ヒットラー誕生からその死まで、骨太な筆致で描く伝記漫画。

悪魔くん千年王国　水木しげる
途方もない頭脳の悪魔君が、この地上に人類のユートピア「千年王国」を実現すべく、知力と魔力の限りを尽して闘う壮大な戦いの物語。（佐々木マキ）

河童の三平　水木しげる
豊かな自然の中で、のびのびと育った少年三平と、河童・狸・小人・死神そして魔物たちが繰りひろげる、ユーモラスでスリリングな物語。（石子順造）

のんのんばあとオレ　水木しげる
「のんのんばあ」といっしょにお化けや妖怪の住む世界をさまよっていたあの頃——漫画家・水木しげるの、とてもおかしな少年記。（井村君江）

ゲゲゲの鬼太郎（全7巻）　水木しげる
ご存知ゲゲゲの鬼太郎とねずみ男をはじめ、妖怪たちがくり広げる冒険物語。水木漫画人気を一気に高めた時期の鬼太郎作品すべてを、全七冊に収録。

つげ義春コレクション（全9冊）　つげ義春
マンガ表現の歴史を変えた、つげ義春。初期代表作から「ガロ」以降すべての作品、さらにイラスト・エッセイを集めたコレクション。

つげ義春の温泉　つげ義春
マンガ家つげ義春が写した温泉場の風景。一九六〇年代から七〇年代にかけて、日本の片すみを旅した、つげ義春の視線がいま鮮烈によみがえってくる。

私の絵日記　藤原マキ
つげ義春夫人が描いた毎日のささやかな幸せ。家族三人の散歩。子どもとの愉快な会話。口絵8頁。「妻、藤原マキのこと」＝つげ義春。（佐野史郎）

おそ松くんベスト・セレクション　赤塚不二夫
みんなのお馴染み、松野家の六つ子兄弟が大活躍！　日本を代表するギャグ漫画の傑作集。イヤミ、チビ太、デカパン、ハタ坊も大活躍。（赤塚りえ子）

バカ田大学なのだ!?　赤塚不二夫
マンガ史上最高のキャラクター、バカボンのパパを主人公にした一冊！　なぜママと結婚できたのかなどの謎が明かされる。（椹木野衣）

百日紅《さるすべり》（上・下）　杉浦日向子

北斎、お栄、英泉、国直……絵師たちが闊歩する文化文政期の江戸の街を多彩な手法で描き出す代表作の完全版、初の文庫化。（夢枕獏）

合葬　杉浦日向子

江戸の終りを告げた上野戦争。時代の波に翻弄された彰義隊の若き隊員たちの生と死を描く歴史ロマン。第13回日本漫画家協会賞優秀賞受賞。（小沢信男）

YASUJI東京　杉浦日向子

明治の東京と昭和の東京を自在に往還し、夭折の画家井上安治が見た東京の風景を描く静謐な世界。他に単行本未収録四篇を併録。（南伸坊）

COM傑作選（上・下）　中条省平編

60年代末に、マンガ界に革命を起こした伝説の雑誌。手塚治虫、永島慎二をはじめ、矢代まさこ、岡田史子らの作品を再録。（中条省平）

ビブリオ漫画文庫　山田英生編

古書店、図書館など、本をテーマにした傑作漫画集。主な収録作家――水木しげる、永島慎二、松本零士、つげ義春、楳図かずお、諸星大二郎ら18人。

水鏡綺譚　近藤ようこ

戦国の世、狼に育てられ修行をするワタルと、記憶をなくした鏡子の物語。著者自身も一番好きだったという代表作。推薦文＝高橋留美子（南伸坊）

増補　ハナコ月記　吉田秋生

「オトコってどおしてこうなの？」とハナコさん。「オンナってやつは」とイチローさん。ウフフと笑いがこみあげるオールカラー。（糸井重里）

ムーミン・コミックス　セレクション1　ムーミン谷へようこそ　トーベ・ヤンソン＋ラルス・ヤンソン　冨原眞弓編訳

ムーミン・コミックスのベストセレクション。1巻はムーミン谷で暮らす仲間たちの愉快なエピソードを4話収録。オリジナルムーミンの魅力が存分に。

カムイ伝講義　田中優子

白土三平の名作漫画『カムイ伝』を通して、江戸の社会構造を新視点で読み解く。現代の階層社会の問題が見えると同時に、エコロジカルな未来も見える。

白土三平論　四方田犬彦

60年代に社会構造を描き出した『カムイ伝』、蜂起の歴史哲学を描いた『忍者武芸帳』等代表作、そして「食物誌」まで読み解く。書き下ろしを追加。

超芸術トマソン　赤瀬川原平

都市にトマソンという幽霊が！　街歩きに新しい楽しみを、表現世界に新しい衝撃を与えた超芸術トマソンの全貌。新発見珍物件増補。（藤森照信）

日本美術応援団　赤瀬川原平 山下裕二

雪舟の「天橋立図」凄いけどどこかヘン!?　光琳にはなくて宗達にはある〝乱暴力〟とは？　教養主義にとらわれない大胆不敵な美術鑑賞法‼

ぼくなりの遊び方、行き方　横尾忠則

日本を代表する美術家の自伝。登場する人物、起こる出来事その全てが日本のカルチャー史！　壮大な物語はあらゆるフィクションを超える。（川村元気）

モチーフで読む美術史　宮下規久朗

絵画に描かれた代表的な「モチーフ」を手掛かりに美術を読み解く、画期的な名画鑑賞の入門書。カラー図版約１５０点を収録した文庫オリジナル。

しぐさで読む美術史　宮下規久朗

西洋美術では、身振りや動作で意味や感情を伝える。古今東西の美術作品を「しぐさ」から解き明かす『モチーフで読む美術史』姉妹編。図版２００点以上。

春画のからくり　田中優子

春画では、女性の裸だけが描かれることはなく、男女の絡みが描かれる。男女が共に楽しんだであろう性表現に凝らされた趣向とは。図版多数。

ROADSIDE JAPAN 珍日本紀行 東日本編　都築響一

秘宝館、意味不明の資料館、テーマパーク……。路傍の奇跡ともいうべき全国の珍スポットを走り抜ける旅のガイド、東日本編一七六物件。

ROADSIDE JAPAN 珍日本紀行 西日本編　都築響一

蝋人形館、怪しい宗教スポット、町おこしの苦肉の策が生んだ妙な博物館。日本の、本当の秘境は君のすぐそばにある！　西日本編一六五物件。

既にそこにあるもの　大竹伸朗

画家、大竹伸朗「作品への得体の知れない衝動」を伝える20年間のエッセイ。文庫では新作を含む木版画、未発表エッセイ多数収録。（森山大道）

私の好きな曲　吉田秀和

永い間にわたり心の糧となり魂の慰藉となってきた、最も愛着の深い音楽作品について、その魅力を語る、限りない喜びにあふれる音楽評論。（保苅瑞穂）

グレン・グールド　青柳いづみこ

20世紀をかけぬけた衝撃の演奏家の遺した謎をピアニストの視点で追い究め、ライヴ演奏にも着目、つねに斬新な魅惑と可能性に迫る。（小山実稚恵）

Ai ジョン・レノンが見た日本　ジョン・レノン絵　オノ・ヨーコ序

ジョン・レノンが、絵とローマ字で日本語を学んだスケッチブック。「おだいじに」「毎日生まれかわります」などジョンが捉えた日本語の新鮮さ。

アンビエント・ドライヴァー　細野晴臣

はっぴいえんど、YMO……日本のポップシーンで様々な花を咲かせ続ける著者の進化し続ける自己省察。帯文＝小山田圭吾（テイ・トウワ）

skmt 坂本龍一とは誰か　坂本龍一＋後藤繁雄

坂本龍一は、何を感じ、どこへ向かっているのか？　独特編集者・後藤繁雄のインタビューにより、独創性の秘密にせまる。予見に満ちた思考の軌跡。

ゴッチ語録 決定版　後藤正文

ロックバンドASIAN KUNG-FU GENERATIONのフロントマンが綴る音楽のこと。対談＝宮藤官九郎他。コメント＝谷口鮪（KANA-BOON）

ホームシック　ECD＋植本一子

ラッパーのECDが、写真家・植本一子に出会い、家族になるまで。植本一子の出産前後の初エッセイも。二人の文庫版あとがきも収録。（窪美澄）

キッドのもと　浅草キッド

生い立ちから凄絶な修業時代、お笑い論、家族への思いまで。孤高の漫才コンビが仰天エピソード満載で送る笑いと涙のセルフ・ルポ。（宮藤官九郎）

小津安二郎と「東京物語」　貴田庄

小津安二郎の代表作「東京物語」はどのように誕生したのか？　小津の日記や出演俳優の発言、スタッフの証言などをもとに迫る。文庫オリジナル。

しどろもどろ　岡本喜八

「面白い映画は雑談から生まれる」と断言する岡本喜八。映画への思い、戦争体験……、シリアスなことでもユーモアを誘う絶妙な語り口が魅了する。

ゴジラ　香山滋

今も進化を続けるゴジラの原点。太古生命への讃仰、原水爆への怒りなどを込めた、原作者による小説・エッセイなどを集大成する。（竹内博）

ねぼけ人生〈新装版〉　水木しげる

戦争で片腕を喪失、紙芝居・貸本漫画の時代と、波瀾万丈の人生を、楽天的に生きぬいてきた水木しげるの、面白くも哀しい半生記。（呉智英）

「下り坂」繁盛記　嵐山光三郎

人の一生は、「下り坂」をどう楽しむかにかかっている。真の喜びや快感は「下り坂」にあるのだ。あちこちにガタがきても、愉快な毎日が待っている。

向田邦子との二十年　久世光彦

あの人は、あり過ぎるくらいあった始末におえない胸の中のものを誰にだって、一言も口にしない人だった。時を共有した二人の世界。（新井信）

旅に出る ゴトゴト揺られて本と酒　椎名誠

旅の読書は、漂流モノと無人島モノと一点こだわりガンコ本！　本と旅とそれから派生していく自由な思いのつまったエッセイ集。（竹田聡一郎）

昭和三十年代の匂い　岡崎武志

テレビ購入、不二家、空地に土管、トロリーバス、くみとり便所、少年時代の昭和三十年代の記憶をたどる。巻末に岡田斗司夫氏との対談を収録。

本と怠け者　荻原魚雷

日々の暮らしと古本を語り、古書に独特の輝きを与えた「ちくま」好評連載「魚雷の眼」を、一冊にまとめた文庫オリジナルエッセイ集。（岡崎武志）

増補版 誤植読本　高橋輝次編著

本と誤植は切っても切れない!?　恥ずかしい打ち明け話や、校正をめぐるあれこれなど、作家たちが本音を語り出す。作品42篇収録。（堀江敏幸）

わたしの小さな古本屋　田中美穂

会社を辞めた日、古本屋になることを決めた。倉敷の空気、古書がつなぐ人の縁、店の生きものたち……。女性店主が綴る蟲文庫の日々。（早川義夫）

ぼくは本屋のおやじさん　早川義夫

22年間の書店としての苦労と、お客さんとの交流。どこにもありそうで、ない書店。30年来のロングセラー！（大槻ケンヂ）

たましいの場所　早川義夫

「恋をしていいのだ。今を歌っていくのだ」。心を揺るがす本質的な言葉。文庫用に最終章を追加。帯文＝宮藤官九郎　オマージュエッセイ＝七尾旅人

ちくま文庫

万華鏡《まんげきょう》の女《おんな》　女優《じょゆう》ひし美《み》ゆり子《こ》

二〇二〇年一月十日　第一刷発行

著　者　ひし美ゆり子（ひしみ・ゆりこ）
樋口尚文（ひぐち・なおふみ）

発行者　喜入冬子

発行所　株式会社　筑摩書房
東京都台東区蔵前二―五―三　〒一一一―八七五五
電話番号　〇三―五六八七―二六〇一（代表）

装幀者　安野光雅

印刷所　三松堂印刷株式会社

製本所　三松堂印刷株式会社

ISBN978-4-480-43635-1 C0174